RESTAURANTES SUSTENTÁVEIS
um futuro em comum

NUTRIÇÃO
GASTRONOMIA

A Ciência e a Arte de Ler Artigos Científicos – Braulio Luna Filho
A Saúde Brasileira Pode Dar Certo – Lottenberg
Administração Aplicada às Unidades de Alimentação e Nutrição – Teixeira
Adolescência... Quantas Dúvidas! – Fisberg e Medeiros
Aleitamento Materno 2ª ed. – Dias Rego
Alergias Alimentares – De Angelis
Alimentos - Um Estudo Abrangente – Evangelista
Alimentos com Alegação Diet ou Light – Freitas
Alimentos e Sua Ação Terapêutica – Andréia Ramalho
Aspectos Nutricionais no Processo do Envelhecimento – Busnello
Avaliação Nutricional: Aspectos Clínicos e Laboratoriais – Goulart Duarte
Bioquímica da Nutrição – Palermo
Biossegurança em Unidade de Alimentação e Nutrição – Valle e Marques
Chefs do Coração – Ramires
Coluna: Ponto e Vírgula 7ª ed. – Goldenberg
Como Cuidar do Seu Coração – Mitsue Isosaki e Adriana Lúcia Van-Erven Ávila
Controle Sanitário dos Alimentos 3ª ed. – Riedel
Cuidados Paliativos – Diretrizes, Humanização e Alívio de Sintomas – Franklin Santana
Dicionário Brasileiro de Nutrição – Asbran
Dicionário Técnico de Nutrição – Evangelista
Dieta, Nutrição e Câncer – Dan
Epidemiologia 2ª ed. – Medronho
Fisiologia da Nutrição Humana Aplicada – De Angelis
Fome Oculta – Andréia Ramalho
Fome Oculta - Bases Fisiológicas para Reduzir Seu Risco através da Alimentação Saudável – De Angelis
Fundamentos de Engenharia de Alimentos - Série Ciência, Tecnologia, Engenharia de Alimentos e Nutrição - Vol. 5 – Maria Angela de Almeida Meireles e Camila Gambini Pereira
Fundamentos de Nutrição para Engenharia e Tecnologia em Alimentos – Ana Flávia Oliveira e Janesca Alban Roman
Guia Básico de Terapia Nutricional – Dan
Guia de Aleitamento Materno 2ª ed. – Dias Rego
Guia de Consultório - Atendimento e Administração – Carvalho Argolo
Importância de Alimentos Vegetais na Proteção da Saúde 2ª ed. – De Angelis
Integração Hormonal do Metabolismo Energético – Poian e Alves
Interpretação de Exames Bioquímicos – Carvalho Costa
Leite Materno - Como Mantê-lo Sempre Abundante 2ª ed. – Bicalho Lana
Liga de Controle do Diabettes – Lottenberg
Manual de Dietoterapia e Avaliação Nutricional do Serviço de Nutrição e Dietética do Instituto do Coração (HC-FMUSP) - 2ª ed. – Mitsue Isosaki
Manual de Estrutura e Organização do Restaurante Comercial – Lobo
Manual de Terapia Nutricional em Oncologia do ICESP
Microbiologia dos Alimentos – Gombossy e Landgraf
Nutrição do Recém-nascido – Feferbaum

Nutrição e Síndrome Metabólica – Fernanda Michielin Busnello e Catarina Bertaso Andreatta Gottschall
Nutrição Estética – Aline Petter Schneider
Nutrição Humana - Autoavaliação e Revisão – Olganê
Nutrição Oral, Enteral e Parenteral na Prática Clínica 4ª ed. (2 vols.) – Dan Linetzky Waitzberg
Nutrição, Fundamentos e Aspectos Atuais 2ª ed. – Tirapegui
Nutrição e Metabolismo Aplicados à Atividade Motora – Lancha Jr.
Nutrição, Metabolismo e Suplementação na Atividade Física – Tirapegui
Nutrição, Metabolismo e Suplementação na Atividade Física – segunda edição – Tirapegui
O Livro de Estímulo à Amamentação - Uma Visão Biológica, Fisiológica e Psicológico-Comportamental da Amamentação – Bicalho Lana
O que Você Precisa Saber sobre o Sistema Único de Saúde – APM-SUS
Os Chefs do Coração – InCor
Planejamento Estratégico de Cardápios para a Gestão de Negócios em Alimentação 2ª ed. – Márcia Regina Reggiolli
Política Públicas de Saúde Interação dos Atores Sociais – Lopes
Protocolos Clínicos para Assistência Nutricional em Cardiologia e Pneumologia – HCFMUSP – Isosaki, Vieira e Oliveira
Puericultura - Princípios e Prática: Atenção Integral à Saúde da Criança 2ª ed. – Del Ciampo
Receitas para Todos - Economia Doméstica em Tempo de Crise - Bagaços, Cascas, Folhas, Sementes, Sobras e Talos – Sara Bella Fuks e Maria Auxiliadora Santa Cruz Coelho
Riscos e Prevenção da Obesidade – De Angelis
Série Atualizações Pediátricas – SPSP (Soc. Ped. SP)
    Vol. 2 - Gastroenterologia e Nutrição – Palma
    Vol. 4 - O Recém-nascido de Muito Baixo Peso 2ª ed. – Helenilce P.F. Costa e Sergio T. Marba
    Vol. 6 - Endocrinologia Pediátrica – Calliari
    Vol. 8 - Tópicos Atuais de Nutrição Pediátrica – Cardoso
Série Ciência, Tecnologia, Engenharia de Alimentos e Nutrição
    Vol. 3 - Fundamentos de Tecnologia de Alimentos – Baruffaldi e Oliveira
Série Manuais Técnicos para o Restaurante Comercial
    Vol. 1 - Estrutura e Organização do Restaurante Comercial – Lôbo
Série Terapia Intensiva – Knobel
    Vol. 6 - Nutrição
Sociedade Brasileira de Cirurgia Bariátrica – Cirurgia da Obesidade – Garrido
Tabela Centesimal de Alimentos Diet e Light – Ribeiro Benevides
Tabela de Bolso de Calorias para Dietas – Braga
Tabela de Composição Química dos Alimentos 9ª ed. – Franco
Tabela para Avaliação de Consumo Alimentar em Medidas Caseiras 5ª ed. – Benzcry
Técnica Dietética - Pré-preparo e Preparo de Alimentos - Manual de Laboratório - segunda edição – Camargo
Tecnologia de Alimentos 2ª ed. – Evangelista
Tecnologia de Produtos Lácteos Funcionais – Maricé Nogueira de Oliveira
Temas em Nutrição - SPSP – Cardoso
Terapia Nutricional do Paciente Crítico - Uma Visão Pediátrica – Pons Telles
Terapia Nutricional Pediátrica – Simone Morelo Dal Bosco
Transtornos Alimentares – Natacci Cunha
Um Guia para o Leitor de Artigos Científicos na Área da Saúde – Marcopito Santos

SAL
SERVIÇO DE ATENDIMENTO AO LEITOR
Tel.: 08000267753

www.atheneu.com.br

RESTAURANTES SUSTENTÁVEIS
um futuro em comum

Ana Maria Dianezi Gambardella
Nutricionista, Professora Associada do Departamento de Nutrição da Faculdade de Saúde Pública da Universidade de São Paulo.

José Aurélio Claro Lopes
Nutricionista, Diretor Presidente da PRECX.

 Atheneu

EDITORA ATHENEU

São Paulo	*Rua Jesuíno Pascoal, 30* *Tel.: (11) 2858-8750* *Fax: (11) 2858-8766* *E-mail: atheneu@atheneu.com.br*
Rio de Janeiro	*Rua Bambina, 74* *Tel.: (21) 3094-1295* *Fax: (21) 3094-1284* *E-mail: atheneu@atheneu.com.br*
Belo Horizonte	*Rua Domingos Vieira, 319, conj. 1.104*

PRODUÇÃO EDITORIAL: Sandra Regina Santana
CAPA: Equipe Atheneu

Dados Internacionais de Catalogação na Publicação (CIP)
(Câmara Brasileira do Livro, SP, Brasil)

Gambardella, Ana Maria Dianezi
    Restaurantes sustentáveis : um futuro em comum /Ana Maria Dianezi
Gambardella, José Aurélio Claro Lopes. -- São Paulo : Editora Atheneu,
2015.

    Bibliografia.
    ISBN 978-85-388-0616-5

    1. Alimentação 2. Alimentos 3. Alimentos orgânicos 4. Hábitos
saudáveis 5. Necessidades nutricionais 6. Restaurantes - Administração 7.
Restaurantes - Planejamento I. Lopes, José Aurélio Claro. II. Título.

15-01776   CDD-647.95

Índice para catálogo sistemático:

1. Restaurantes sustentáveis : Planejamento e administração 647.95

PREFÁCIO

Os novos rumos

Corriam os primeiros anos da década de 1970 e víamos os serviços de alimentação institucionais e comerciais ainda atrelados aos conceitos de operação e à fabricação de equipamentos desenvolvidos nas décadas anteriores.

Nesse tempo, nasce um pequeno grupo de profissionais, que iriam modificar totalmente esse quadro, desenvolvendo novos conceitos de analise, dimensionamento, projeto, instalação e operação das áreas de alimentação.

Totalmente focados no respeito ao consumidor, iniciaram a formatação de conceitos de atendimento e de produtos direcionados ao perfil, às expectativas e tendências de então, propondo e desenvolvendo modelos de cardápios, tipos de utensílios, desenho de equipamentos, forma e ambientação das áreas, para atingirem a excelência.

Assim, os profissionais que compõem o universo do projeto, instalação e operação de serviços de alimentação puderam desencadear e desenvolver em suas áreas específicas o resultado desse trabalho. Fabricantes de equipamentos, arquitetos, construtores, administradores e operadores de cozinhas profissionais puderam iniciar e acompanhar as grandes mudanças que esse ramo iria sofrer nas décadas seguintes.

A partir de então, com o decorrer do tempo, a facilidade e a exposição dos conceitos e materiais do restante do mundo vieram consolidar e ampliar o caminho ali iniciado.

Hoje, quando vamos a qualquer estabelecimento de alimentação e nos dispomos a observar seus detalhes, iremos sempre encontrar algum equipamento, forma de serviço ou ambientação que surgiram nesse trabalho.

Este livro traz o trabalho de dois profissionais que atuaram de modo decisivo na criação desses conceitos e que, além disso, foram responsáveis por ensinarem esses conceitos e formarem as gerações de profissionais que foram surgindo, como profissionais de nutrição, proprietários e administradores de restaurantes, fabricantes e fornecedores de equipamentos, arquitetos, decoradores e investidores.

Atentos a um ramo vivo, os autores propõem no conteúdo deste trabalho o que virá com as tendências globalizadas do mundo da alimentação. Os novos desafios que surgem e refletem a exigência crescente do consumidor, bem como a imposição sem limites de um mundo preocupado com a preservação e o futuro, com a ecologia, com a saúde física, com a busca de alimentos orgânicos e o desenvolvimento de energia alternativa, mas ainda vacilando pelas dificuldades de uma economia oscilante.

Aqueles que de algum modo trabalham ou estudam nessa área vão encontrar nesta leitura o resultado dessa experiência, com um trabalho dedicado a indicar respostas e formar novos rumos para um mercado crescente e agitado.

Júlio Carlos Perna
Engenheiro, Diretor da GMV Engenharia e Construções Ltda.

SUMÁRIO

INTRODUÇÃO, 1

1. O PLANEJAMENTO, 5

2. OS FUNDAMENTOS, 15
   Os cinco sentidos, 15
   Formas de comunicação, 18
   Os seis luxos, 19

3. AS FORMAS DE COMERCIALIZAÇÃO, 23
   Vitrine, 23
   Cardápio, 25
   Bufê, 26
   Bufê misto e rodízio, 27
   Teatro e luzes, 28
   Destaques, 30
   Ambientes para solitários e acompanhados, 30

4. AS CORES DO TRABALHO, 33
   Vermelhas, 33
   Verdes, 33
   Azuis, 34
   Brancas, 34
   O ponto de equilíbrio, 34

5. ÁREAS E SERVIÇOS, 35

Recebimento, 35

Vasilhames de retornos (caixas de fornecedores), lavagem e lixo, 36

Lavanderia, 38

Armários de limpeza, 38

Lavatórios e bebedouros, 38

Salas de chefia, 38

Despensa, 39

Depósito de material de limpeza e descartáveis, 39

Bebidas em lata ou garrafas, 39

Chope, 39

Estoque refrigerado, 40

Área de compressores, 40

Vestiários do pessoal, 41

Monoblocos e critérios de manipulação, 41

Preparo de carnes, 43

Preparo de tubérculos e hortaliças, 44

Garde manger ou cozinha fria, 45

Pâtisserie, 45

Confeitaria, 45

Padaria, 45

Shock freezer, 46

Câmaras de preparados, 46

Cozinha lenta e rápida, 46

Distribuição, 48

Copa fria ou *Gambuzza*, 48

Sala de lavagem, 49

Praça de garçons, 50

Bar, 50

Restaurante dos funcionários, 52

Cafés e cafeterias de rua, 52

Botecos e choperias, 53

Novos conceitos e tendências, 54

6. MATERIAIS E SISTEMAS, 55

Materiais de acabamento, 55
Recipiente Gastronorm, 59
Refrigeração, 59
Mesas, 61
Cocção, 62
Máquinas, 62

7. NOSSO FUTURO EM COMUM, 65

Ar, 65
Água, 65
Energia elétrica, 66
Alimentos *in natura*, 66
Produtos orgânicos/produção própria, 66
Compostagem, 67
Doação de alimentos, 67

8. CONSIDERAÇÕES FINAIS, 69

REFERÊNCIAS, 71

ANEXO – TABELA AUXILIAR PARA PLANEJAMENTO DE UM RESTAURANTE COMERCIAL OU SERVIÇO DE ALIMENTAÇÃO INSTITUCIONAL, 73

ÍNDICE REMISSIVO, 75

INTRODUÇÃO

Restaurantes, serviços de alimentação, unidades de alimentação e unidades elaboradoras de refeições constituem-se, basicamente, de locais onde são manipulados alimentos e preparadas e distribuídas refeições. Podem ser restaurantes institucionais, instalados em fábricas, escritórios, universidades, por exemplo, em que o cliente é considerado cativo; cozinhas hospitalares, em que o cliente está compulsoriamente cativo, por um determinado período de tempo; restaurantes comerciais, instalados em hotéis, clubes; e vários outros tipos em que são comercializadas preparações alimentares. Nesses últimos, o cliente pode ser eletivo, mas em sua maioria os estabelecimentos é que são escolhidos pelo cliente.

Atualmente, a cidade de São Paulo conta com 12,5 mil restaurantes, com 55 diferentes tipos de cozinha, 500 churrascarias, 256 restaurantes de comida japonesa, 1.200 pizzarias, 15 mil bares e 3.200 padarias (SinHoRes-SP, 2013). Segundo a Associação Brasileira de Bares e Restaurantes - Abrasel (2009), esse setor da economia nacional representa 2,4% do produto interno bruto (PIB), desses, 5 bilhões ao ano, apenas na cidade de São Paulo (SINRORES-SP, 2013).

Um importante fator para essa crescente "alavancagem" do setor deve-se à proporção de dispêndio com alimentação fora do lar, também crescente, representando 33,1% em 2010 (IBGE 2010).

Diante desse cenário, é preciso que as empresas do setor de alimentação estejam atentas e aptas para superar os obstáculos postos, por um lado, pela crescente concorrência entre as empresas do setor e, por outro, pelas exigências e satisfação das necessidades de seus clientes, lançando mão de uma gestão de recursos (sobretudo infraestruturais, humanos e de insumos) cada vez mais e melhor qualificada.

A percepção da qualidade é proporcional ao serviço esperado. Nessa perspectiva, considera-se que os determinantes avaliados pelo cliente dizem respeito à qualidade técnica, em resposta ao que é recebido por ele (de forma objetiva), e à qualidade funcional, que apresenta caráter mais subjetivo. Já a propaganda, a informação de terceiros e o preço formam a imagem da empresa (GRONROOS, 1984).

Para Wall e Berry (2007), os clientes de um restaurante avaliam o serviço oferecido segundo os aspectos funcionais (cardápio, bebida, tipo de ingredientes), os aspectos referentes ao planejamento (*layout*, iluminação, decoração, instalações físicas) e aspectos humanos (comportamento e aparência dos funcionários).

Estudo realizado por Tinoco e Ribeiro (2008) sobre percepção de qualidade de serviço em restaurantes mostrou que, dentre os atributos mais importantes, do ponto de vista do cliente, destacam-se a decoração, o ambiente, as instalações de apoio, a limpeza e, naturalmente, o cardápio oferecido.

As necessidades humanas podem ser representadas pela pirâmide de Maslow (1987), cuja base diz respeito às necessidades fisiológicas básicas, em seguida às necessidades de segurança, depois às necessidades sociais, às de autoestima e, no topo, à autorrealização. No entanto, tais necessidades podem ser categorizadas de outra forma, tal como a forma proposta por Scitovsky (1986 *apud* Anderson e Mossberg, 2004): necessidades fisiológicas, baseadas na satisfação e desejo das necessidades fisiológicas (comida, bebida, vestuário, sexo, saúde, conforto físico e redução de esforço físico); necessidades sociais, que podem ser satisfeitas pela aceitação como membro de um grupo, títulos, *status* social; e necessidades intelectuais, tais como ter um emprego agradável, dispor de tempo para ouvir música, ler um livro, apreciar obras de arte, entre outros.

Comer fora de casa pode atender a essas necessidades, uma vez que pode satisfazer as necessidades fisiológicas (saciar a fome), proporcionar prazer (restaurante frequentado por membros do grupo social) e oferecer preparações culinárias diferentes, excitantes ao paladar, que satisfazem as necessidades intelectuais.

O planejamento dos restaurantes abrange várias categorias, desde lanchonetes até restaurantes casuais e formais. Em cada uma dessas categorias há ainda um amplo espectro de opções, que variam conforme o movimento do ponto, o tipo de cardápio e a forma de atendimento oferecida. No que se refere à forma de atendimento, estudo tal como o de Pratten (2003) mostra a importância desse aspecto para o sucesso de um restaurante, ao qual se vincula a satisfação das necessidades sociais e intelectuais de determinados clientes.

Do início do planejamento até a inauguração do restaurante, participam, de forma interativa, diferentes profissionais, de diversas áreas das ciências exatas, biológicas e comportamentais. Estudo realizado por Alonso e cols. (2012) verificou a importância de habilitar empresários e gestores com vistas à implantação da sistematização do planejamento. Essa interatividade tem como resultado um conjunto de informações que propiciam as melhores técnicas para o desenvolvimento da atividade do empreendimento.

Um dos aspectos relevantes para a condução do planejamento diz respeito à sustentabilidade, ou seja, ações que atendam às necessidades imediatas, sem onerar as futuras (ONU, 1983). É preciso que cada organização, independente de seu porte, bem como do setor econômico, atue de forma sustentável.

Grande parte deste trabalho valeu-se da experiência de especialistas no planejamento e desenvolvimento de projetos nesse setor, treinamentos em serviço, além de participação em cursos, visitas a feiras e de entrevistas com importantes pesquisadores dessa área do conhecimento. As fotos e imagens que constam deste material fazem parte do acervo/portfólio da empresa PRECX e foram gentilmente cedidas para ilustração dele.

CAPÍTULO 1

O PLANEJAMENTO

Várias pessoas já sonharam em ter o restaurante mais famoso da cidade. Um lugar agradável, bem frequentado, diferente do que já existe, quem sabe com uma nova proposta e, principalmente, com a cara de seu dono. Somente um bom restaurante pode ser o palco desse espetáculo de vida, desse conjunto de encantamentos que pulsa em sua própria atmosfera de *glamour*. Entretanto, no ramo dos restaurantes, o sucesso pode até começar com um sonho, mas o seu percurso precisa estar ancorado nas condições objetivas do empreendedor.

O planejamento é o caminho mais seguro para alcançar um objetivo; no setor de alimentação normalmente se revela como a concretização de um sonho do empreendedor. Ainda assim, ou por esse motivo, comumente esse método acaba sendo preterido e substituído por discussões de seus elementos racionais, emoções de suas decisões de risco e nas perspectivas de intuições apenas. O planejamento, que é a menor fatia nos custos do empreendimento, deve ser respeitado como alicerce desse processo, uma vez que se constitui na visualização, descrição e sentimento do que será o restaurante, em sua melhor forma de funcionamento, atendendo a um público que deseja um local para comer bem e passar momentos agradáveis – e se assim for, principalmente um local para poder retornar e, portanto, que consiga se autossustentar.

O sistema *Fooding* é uma forma eficiente de o empreendedor e sua equipe discutirem os compromissos do estabelecimento e cunharem o conceito que gostariam de expressar com sua marca.

O termo *fooding* foi cunhado pelo jornalista Alexandre Cammas já em 1999, quando notara relativa mudança na prática alimentar de jovens parisienses; os caracterizadamente adeptos e reconhecidos pela cozinha do *slow food* passaram a apresentar crescente interesse em restaurantes que oferecessem pratos simples a bom preço, num ambiente de charme – tornando-se uma filosofia praticada inicialmente na França, no restaurante Le Fooding, que, desde então, vem conquistando os grandes centros gastronômicos do mundo com sua proposta de "universo da mesa, onde o paladar e os demais sentidos captam a experiência da refeição em seu ambiente" (www.legianfooding.com – acesso em 17.8.2011).

Cada restaurante formula seu conceito com um elenco de vínculos a serem estabelecidos com seus clientes, na tentativa de criar um local que lhes toque os sentimentos e eleve seu espírito, isto é, tendo no restaurante mais do que um espaço de alimentação, um momento de degustação pelos diversos sentidos do corpo. O sentimento mas primário que o restaurante deve transmitir ao cliente é o de confiança: seja pelos aspectos da higiene e limpeza, seja pelo contrato que está estabelecido pelas ofertas postas no *menu*. Os demais sentimentos serão decorrentes dessa relação cliente/empresário. Para isso, deve haver honestidade de propósitos e equilíbrio entre os elementos do ambiente, dos serviços e dos produtos. Essa diversidade é a essência do sucesso do *Fooding*, dando consistência ao planejamento e credibilidade às atitudes.

A acolhedora lanchonete do bairro, o restaurante famoso da cidade ou o restrito restaurante do clube privativo fazem sucesso praticando o *Fooding*. Com as alternativas *raw*, casual e *highlights*, há um roteiro prático que facilita as definições do conceito e as ações de planejamento, podendo ser ampliado ou diminuído, segundo as necessidades de cada projeto, conforme pode ser observado no Quadro 1.1.

Frequentar bons restaurantes não é condição suficiente para planejar e/ou gerenciar, assim como também não é suficiente para instalar um empreendimento. O sucesso no planejamento de um novo projeto, seja ele um novo empreendimento ou um empreendimento em uso, significa incorporar profissionais com habilidades distintas para cada fase que se faz necessária: desde o desenho arquitetônico da obra, passando pela aplicação das normas e exigências legais, funcionamento, gestão e administração dele. Mais ou menos como a diferença entre viajar e pilotar um avião; outra coisa a se entender é que pilotar um avião também é diferente de projetar ou construir um avião. Palavras como cabine, asa e leme podem ter significado totalmente diverso para cada ator envolvido nesse processo, seja para o passageiro, o comissário, o piloto, os controladores, o engenheiro de aeronáutica, entre outros.

QUADRO 1.1. Definições e conceitos de ações e planejamento.

Conceitos	Regional (raw)	Casual	*Highlights*
Ambiente	Materiais rústicos, dentro das necessidades locais	Temas modernos, com novidades tecnológicas	Entrada discreta, com vista externa privilegiada
Compromissos paralelos	Promoções locais em quadro de anúncios	Promoções sociais, artes, saúde e moda	Motivos sociais, de artes, de negócios e de *fashion*
Produtos de venda	Porções generosas, com preços honestos	Pratos inovadores, com produtos alternativos	Pratos elaborados por *chefs* consagrados
Atendimento	Informal e acolhedor	Informal e alternativo	Ritual de atendimento caro e sofisticado
Comunicação	Informal e facilitadora	Informativos do conceito	Somente o menu
Contemplação	Cartazes de promoção	Obras de arte de série	Originais famosos
Pessoal	Atento com as pessoas	Atento com flexibilidades	Atento com etiquetas
Matéria-prima	Produtores regionais	Produtores credenciados	A melhor parte dos produtos mais caros, iguarias e raridades
Cafés da manhã e almoços	Refeições equilibradas para saúde do corpo	Refeições rápidas, com ofertas combinadas	Aceite de pedidos fora do cardápio
Jantares e lanches	Refeições saborosas	Programações conforme estações do ano	Pratos personalizados para cada evento
Confiança	Higiene e ordem	Higiene e padronização	Higiene e atenção
Novidades	Pesquisa local	Pesquisa de mercado	Novos *chefs*
Green kitchen	Porque vende mais	Por filosofia funcional	Pela saúde dos clientes

Fonte: PRECX, 2011.

Existem clientes de restaurante, *gourmets* verdadeiros, que desconhecem as áreas básicas de uma cozinha profissional, assim como existem *chef* de cozinha que desconhecem o conjunto de informações contidas na planta baixa de uma lanchonete (Figura 1.1), além de ignorarem os cálculos de dimensionamento de áreas, modulação, sistemas de lógica, legislação sanitária, código de obras e outras áreas decisivas ao planejamento. As palavras que definem sistemas e instalações têm significados diferentes entre *gourmets*, gerentes, *chefs*, nutricionistas arquitetos, engenheiros e consultores.

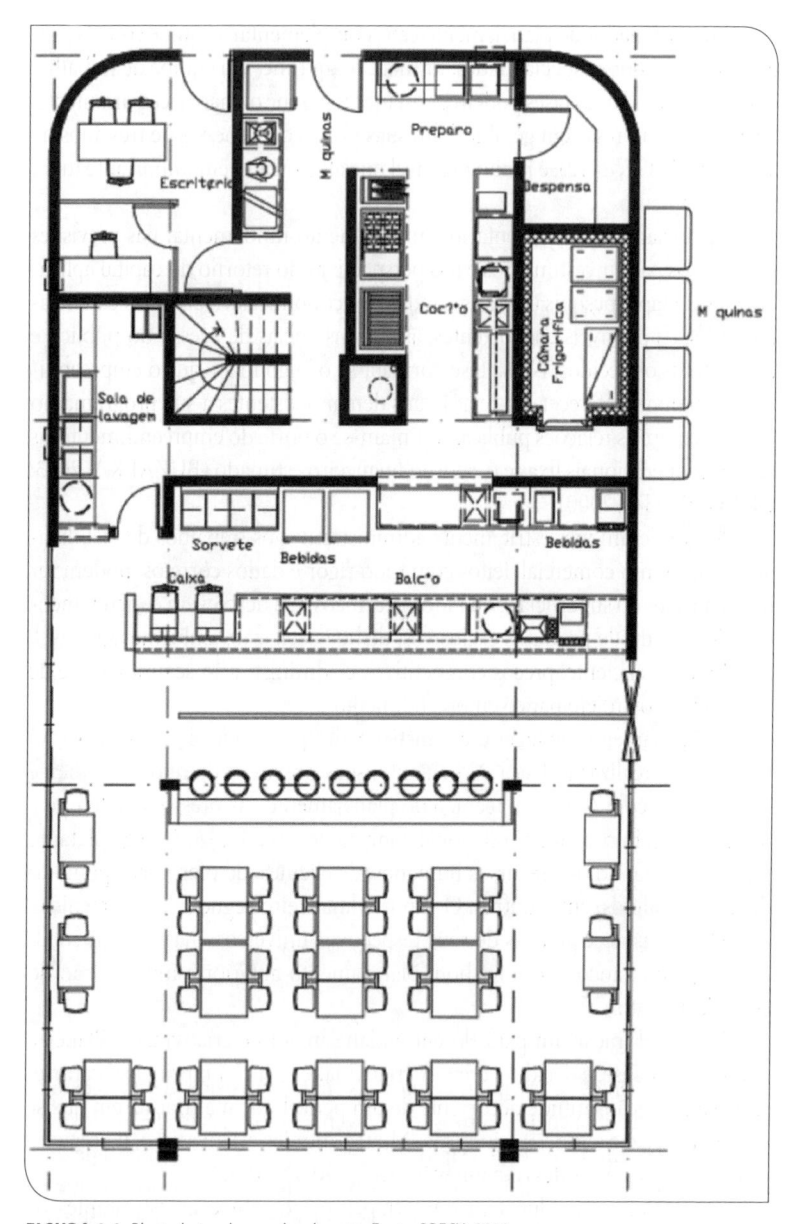

FIGURA 1.1. Planta baixa de uma lanchonete. Fonte: PRECX, 2013.

Ao coordenador do planejamento cabe complementar a equipe com os profissionais de outras especialidades, formando um time, sua equipe de trabalho, que em determinadas fases podem permanecer perene ou não necessariamente. Se 50% das empresas em geral fecham suas portas com menos de três anos de atividade (IBGE, 2012), é muito provável que algo ou alguém importante fugiu ao planejamento.

O planejamento orçamentário é um elemento fundamental nas previsões de recursos para investimentos e nas perspectivas do retorno do capital aplicado. Nessa etapa, pesquisam-se as condições econômicas vigentes, as carências regionais, os possíveis concorrentes, as circunstâncias de acesso do público e os produtos oferecidos. Nessa fase, formata-se o "algo mais" que o empreendimento pretende oferecer em relação aos demais existentes à sua programação de *marketing* e às relações públicas; estimam-se o porte do empreendimento, as despesas operacionais fixas e o retorno financeiro estimado (BUZALKA, 2003; CHIAVENATO, 2000).

Dentro de um viés estritamente administrativo, os trabalhos de viabilidade de um ponto comercial, feitos com todo rigor e dados corretos, podem ser inconclusivos ou superficiais: quando os técnicos mal descrevem concretamente o significado de produtos exclusivos, de boa aceitação, ambiente agradável, atendimento eficiente, preços competitivos e administração segura na fase de elaboração do projeto para o empreendimento.

O planejamento financeiro é o instrumento para controle de recursos no universo da realização física. No entanto, suas previsões de retorno somente se realizarão com o sucesso técnico do planejamento. As pressões de tempo e de finanças sem respaldo profissional comprometem o retorno em geral, tanto financeiro quando dos recursos humanos, de clientes, da oferta e disponibilidade de produtos, entre outros. O suporte financeiro segue as ações técnicas, respeitando as necessidades de seus respectivos universos, mas fundamentalmente quando ancorado num bom planejamento anterior à implantação do estabelecimento.

É possível traçar um paralelo entre planejamento e criatividade. Planejar, em última análise, é decidir e criar. A criatividade tem como principal característica a inovação, atitude decorrente de um período de maturação, em que se combinam razão, emoção e intuição. Muitas atitudes criativas são, na maioria das vezes, originárias dessa maturação (KAZARIAN, 1997).

Como cada indivíduo tem seu ritmo próprio, situações estressantes de excesso de trabalho ou falta de tempo devem ser encaradas como as grandes inimigas da criatividade – embora alguns estudos digam que dormir pouco privilegia e estimula o pensamento criativo.

No campo da razão, uma atitude criativa para planejamento estratégico corresponde a perguntas do tipo: o que, como, quando, onde, de quem e para quem, focando o problema em sua verdadeira escala de grandeza e, claro, equacionando os riscos entre forças, fraquezas, ameaças e oportunidades (do inglês, lê-se análise de SWOT: *strenghts/weaknesses/opportunities/threats*) – elementos básicos do estudo de viabilidade e perenidade estratégicas (PORTER, 2002). Primeiramente, olha-se o empreendimento em seu universo maior e, posteriormente, detalham-se suas partes. Trata-se de um empreendimento novo ou já em funcionamento? Sabe-se de seu histórico e por que falhou? Os sócios-proprietários já trabalharam ou são do ramo? Que experiências anteriores poderiam ser agregadas ao projeto? É fundamental superar erros e desvios anteriores para alcançar o sucesso do planejamento e, claro, a inclusão de ideias e oportunidades internas ou disponíveis.

Racionalmente, um restaurante é um conjunto de sistemas com um sentido de funcionamento (ROWE, 2002). Inicialmente, deverá ser definido o escopo de atuação que se pretende com o empreendimento: um restaurante popular, de nível internacional, cozinha típica, lanchonete, quiosque, padaria, entre outros. Definido o empreendimento, serão necessários amplo conhecimento e incorporação de conceituações legais de execução e operacionalização do serviço, fase que inclui recursos humanos e direcionamento dos trabalhadores, requisitos básicos, treinamento, monitoramento e avaliação.

Ainda de acordo com as premissas estabelecidas no planejamento estratégico, será fundamental a definição dos objetivos em curto, médio e longo prazo, isto é, a definição, ainda que utópica, do ponto ao qual se pretende chegar, seja em termos de receita e lucratividade ou mesmo de visibilidade na sociedade.

A intuição é a visão de futuro de cada um, orientando os planos e consolidando as ousadias. Os exercícios intuitivos são fundamentais no planejamento de um restaurante, devendo sair dos planos pessoais e vir para a luz das discussões do grupo envolvido. Esse compartilhamento oferece segurança nos momentos críticos de decisão. O produto bem intuído surge fácil e apresenta um resultado que agrada toda a equipe.

Redes famosas e competentes, principalmente norte-americanas, têm fechado algumas de suas lojas, e até as franquias, por completo, no Brasil, contrariando as razões otimistas de suas implantações, tais como Arby's (1992-1999), Jack in the Box – quinta maior rede norte-americana (no Brasil entre 1970-1980) – e Dunkin' Donuts (1983-2003). Outras obtiveram sucesso, tal como a Casa do Pão de Queijo, fundada em 1967, que possui 445 unidades franqueadas (OLIVO e cols., 2009); o Rei do Mate (desde 1978); ou mesmo a irreparável Kopenhagen, desde 1925 no Brasil, com 289 lojas em 60 cidades brasileiras e exportações para o México e Estados Unidos (MUNDO DAS MARCAS, 2013). Estudo realizado por Lima e cols. (2012) sobre satisfação de franqueados mostrou que, de todos os setores econômicos, o segmento mais satisfeito foi o de alimentos. Riscos são os mesmos para imitadores e criativos. Investir é escolher o lado.

Durante os trabalhos de planejamento também se discutem as alternativas com produtos diferenciados, na possibilidade de surgir um *insight* inovador, que realmente torne aquele restaurante um lugar especial. Um produto diferenciado é aquele que faz sucesso e só é encontrado em um lugar; pode ser uma bebida, um lanche, um prato especial, uma sobremesa, uma forma de atendimento, a ambientação (Figura 1.2) ou, algumas vezes, o conjunto do serviço em si. Para conseguir essa diferenciação, é preciso pesquisar constantemente, usando a sensibilidade, a paciência e, claro, lançando mão de especialistas do ramo.

FIGURA 1.2. Tipo de ambientação diferenciada. Fonte: PRECX, 2013.

Quando acaba a criatividade técnica, as promoções de preço baixo passam a ser o apelo para incrementar o movimento da casa. Essas promoções realmente aumentam, por um tempo, o movimento de um restaurante, no entanto, sem inovação no ambiente, nos produtos ou nos serviços, os clientes dispersam e a casa declina como um todo. As estratégias de *marketing* e *mix* promocionais nem sempre atendem as demandas de clientes; elas dependem de estudos específicos de seu público-alvo para virem a ser bem-sucedidas (ESCOBAR e cols., 2004).

Com a inauguração ou reforma de um novo restaurante, cada empreendedor entra num novo patamar para o sucesso, com novos competidores em sua maioria bem preparados. Depois da inauguração, deve-se aguçar a sensibilidade até haver o encaixe das operações aos anseios dos donos e/ou sócios-investidores.

Esse encaixe é o ajuste e o assentamento das rotinas, quando já se sente que o empreendimento deu certo. Ele pode levar de três meses a um ano, conforme o tamanho ou propósito da empresa. Normalmente, o encaixe consolida o sucesso da primeira fase do projeto, quando são realizadas as correções. Se o sucesso demorar um pouco, é normal, mas com movimento crescente. A diminuição ou ausência do movimento indica a necessidade de buscar novidades para outros ajustes. De acordo com metodologia do Sebrae Nacional (2011), a taxa de mortalidade das empresas é de 26,9% nos dois primeiros anos de vida e de 23,6% na Região Sudeste. Relata-se, ainda, que as empresas do setor de serviços estão entre aquelas que apresentam as piores taxas de sobrevivência, na frente apenas do setor da construção civil.

São as inovações que movimentam os restaurantes e os mantêm lucrativos. Elas estão nos ajustes da administração, na motivação dos funcionários, nos acertos de produtos, nas opções do atendimento, no ambiente e, por conseguinte, na presença e participação do dono do empreendimento. As novidades geram nova energia, levantam o astral, suscitam comentários e atraem novos clientes. É a forma profissional de faturar e garantir sustentabilidade.

Alguns empresários desgastam-se na administração diária de seus restaurantes, perdendo a chance de pesquisar e inovar. Sem novidades, a empresa lentamente vai parando no tempo, os produtos ficam ultrapassados, os funcionários acomodam-se, o atendimento piora, as instalações deterioram-se, os controles afrouxam-se, os lucros diminuem e os clientes somem. É necessário manter-se atualizado, seja por meio revistas especializadas ou com participação em feiras próprias do segmento do empreendimento (alimentos, café, bebidas, processamento de alimentos, produtos orgânicos, *delicatessen*, confeitaria, entre outros [1]), bem como realizar cursos e lançar mão de consultorias especializadas.

A manutenção de seu diferencial e de sua proposta pode ser considerada uma aliada do empresário, pois a clientela busca saborear pratos repetidos ou experimentar aquele prato que ficou de fora na sua última visita ao estabelecimento. Contudo, deve-se criar ao menos uma novidade para o público a cada estação do ano, bem como promoções em datas nacionais, brindes para festas, festivais temáticos, eventos externos, serviços de *take out* e *delivery*, que são fatores surpresa positivos e estratégicos para a fidelização do cliente. Internamente, ajustam-se os sistemas de gestão, os programas sanitários, o treinamento de pessoal e a manutenção de instalações.

O planejamento se processa de dentro para fora do balcão, sendo o empreendedor um ofertante entusiasmado de seu lugar. Uma característica co-

---

[1] Para conhecer novos produtos e soluções, cursos e novidades do setor, consultar: http://www.nfeiras.com/alimentos/brasil/.

mum dos proprietários de restaurantes famosos é que raramente falam de dinheiro. Eles conversam sobre crenças e sonhos, esperando os momentos certos para emplacar suas ousadias e surpresas.

O conceito amplamente aceito em termos de alimentação, que está sendo difundido é bem aceito, é o *green kitchen*. Basicamente, o objetivo do *green kitchen* é o compromisso de levar a natureza à mesa, em refeições puras, sem adição de produtos químicos, transgênicos, enzimas, hormônios ou quaisquer outras substâncias que, comprovadamente, possam alterar a normalidade do organismo humano.

Nesse compromisso, cada restaurante também cria uma relação com essa mesma natureza em função de sua preservação ambiental e sustentabilidade econômica. Para isso, realizará ações como preservar o ar, racionalizar a energia, reutilizar parte da água, utilizar alimentos certificados, abolir a limpeza com produtos químicos, dar preferência a fornecedores locais, criar opções ao uso de plásticos, papéis ou latas e evitar o uso de materiais sem possibilidade de reciclagem.

Um restaurante no conceito *green kitchen* trabalha pensando da saúde do homem e do meio ambiente, num programa compatível com sua capacidade econômica e possibilidades locais. A adesão de cada restaurante se dá com o Programa de Partida, com um mínimo de cinco ações – duas ações que beneficiam diretamente o cliente, outras duas ações em benefício direto do meio ambiente, e a quinta normalmente é a participação de curso relacionado ao meio ambiente.

No elenco das ações a serem praticadas, existem os níveis mínimo, máximo e avançado (Quadro 1.2), para que cada restaurante tenha seu roteiro de adesão em condições favoráveis de custo. Nesse escopo, o importante é o cumprimento dos programas num crescente de medidas ao longo do tempo; simultaneamente, o método de apresentação às claras permite aprimoramento pedagógico do empreendedor para superar os níveis introdutórios e alcançar o nível avançado, se assim desejar.

QUADRO 1.2. Ações propostas pela *green kitchen*

Aspecto	Mínimo	Máximo	Avançado
Ar da cozinha	Renovação natural com tela protetora	Novo e filtrado para toda a cozinha	Novo, filtrado e frio para a cozinha fria
Ar do restaurante	Renovação natural com tela protetora	Novo e filtrado para todo o restaurante	Novo, filtrado e frio em regiões quentes
Água filtrada	Para cafés, sucos e sobremesas locais	Acrescentar produtos *in natura* no preparo de sucos e sobremesas e lavagem de copos	Tudo, exceto pisos e áreas externas
Carnes	Evitar industrializadas	Sem hormônios de crescimento	Sem hormônios nem antibióticos
Hortaliças e frutas	Ácido peracético	Hidropônicas	Orgânicas
Grãos, raízes e tubérculos	Sem transgênicos	Sem pesticidas	Orgânicos
Óleos de temperos	Sem gordura trans	Óleos de extração a frio	Azeites e temperos orgânicos
Frituras	Sem gordura trans	Óleos de extração a frio	Sem frituras
Grelhas de carnes	Sem carvão	Sem gás	*Over broilers*
Açúcar	Demerara	Demerara	Orgânico
Bebidas	Água filtrada como opção	Sucos frescos no local	Sucos orgânicos
Produtos de limpeza	Biodegradáveis	Biodegradáveis	Biodegradáveis
Guardanapos	Papel sem cloro	Papel sem cloro	Papel sem cloro
Descartáveis	Copos de papel	Copos de vidro	Somente para viagem
Uniformes	De algodão	De algodão	De algodão
Utensílios de cozinha	Em aço inox	Todos em aço inox. Alguns em ferro	Todos em aço inox. Alguns em ferro
Lixo classificado	Orgânico e outros	Orgânico e outros	Classificação total
Lixo reciclável	Prefeitura	ONG credenciada	ONG credenciada
Treinamento do pessoal	Em higiene e alimentação natural	Em higiene e classificação de lixo	Em higiene e economia ambiental
Marketing	Uso do selo GK	Quadro de notícias GK	Associação com eventos GK

Fonte: Green Kitchen. Disponível em: http://www.greenkitchen.com.br/.

CAPÍTULO 2

OS FUNDAMENTOS

Os seres humanos são diferentes em suas raças, origens, religiões, culturas, hábitos e costumes. Mesmo assim, eles guardam semelhanças em seus sentimentos e ações, procurando lugares e se identificando com outras pessoas que entendam suas necessidades e verdades. As relações da organização com seus clientes ocorrem por diversas vias – algumas diretas, outras sutis –, reunidas em grupos e descritas na forma de alguns fundamentos, conforme se segue.

OS CINCO SENTIDOS

Todo ser humano normal é dotado de visão, audição, olfato, paladar e tato. Por esses cinco sentidos, uma pessoa liga-se ao mundo e vive sua vida. São as portas de entrada das comunicações, conhecimentos e sensações. Com eles avaliam-se e decidem-se muitas coisas, e uma delas, com toda certeza, é o restaurante preferido.

Paladar

O paladar propicia ao homem informações sobre a qualidade dos alimentos e/ou preparações no que diz respeito aos aspectos higiênicos, uma vez que podem oferecer risco, e nutricionais, optando-se pelos mais ou menos gordurosos ou doces (CRUZ; GREEN, 2000).

Cada pessoa tem um banco de sabores em sua memória, registrados ao longo da vida, com as influências de sua criação, região, cultura, religião e economia. Com o tempo, geram-se preferências e os gostos vão ficando únicos e particulares. Acertar exatamente os gostos pessoais de cada cliente é uma missão praticamente impossível para qualquer restaurante, mas ampliar seu repertório é perfeitamente possível.

Ao restaurante, cabe concentrar-se em ter comida de sabor verdadeiro, feita na hora, com ingredientes frescos, o que agrada ou, no mínimo, gera respeito de todos os clientes. Isso pode parecer óbvio e natural, no entanto é uma prática difícil no dia a dia de um restaurante. É ter a dedicação diária em comprar na medida certa da demanda, resistindo a espertezas dos reaproveitamentos. Bons restaurantes trabalham com cardápios pequenos, pratos fartos e sabores honestos. Para Campos (2008), não importa o sabor que o indivíduo degusta, mas sim os "sentimentos, as sensações" contidas naquele sabor.

Audição

Existem sons típicos de um restaurante, como o bater de pratos, copos, talheres, travessas, mesas de grupos ou música ambiente. Esses sons, quando controlados em tom baixo, são charmosos e até funcionam como fundo das agradáveis conversas de uma mesa.

Para controlar sons, utilizam-se materiais de acabamento que absorvam ruídos, como carpetes, tapetes, madeiras, couros, tecidos, plantas, espumas e painéis acústicos. Usam-se também superfícies rugosas, em pregas, facetadas, arredondadas, e outras formas que neutralizam os sons.

Uma refeição torna-se melhor em boa companhia, principalmente quando existem afinidades no paladar e nas ideias. Bons assuntos à mesa até melhoram o momento da refeição, desde que se converse tranquilamente, sem alterar o tom das vozes.

A perspectiva da audição está posta no exemplar da apreciação do cardápio e ambientação e, não se aplica a todas as necessidades conjunturais dos clientes. Certamente, famílias com crianças preferem ambientes com entretenimento e recreadores, não desconsiderando o *menu*, mas para poder ter o prazer degustar o que o *menu* oferece.

Olfato

Cada preparação tem seu odor próprio, adicionando um prazer a mais na refeição. Odores em geral são partículas suspensas, que também aderem a toalhas, cortinas, paredes e mesas. Quando os vapores ficam densos no ambiente, passam cheiro também para as roupas, pele e cabelos dos clientes.

Preparações no ambiente do salão exigem sistemas sofisticados de condicionamento de ar, compondo pressurização, insuflações, exaustões ou cortinas de ar. As partículas de gordura que vão aderindo aos materiais do salão, com o tempo, oxidam-se ou rançam, produzindo um odor residual desagradável e difícil de ser removido.

Um odor forte compromete um ambiente de restaurante, seja residual, vindo da cozinha, dos sanitários, dos garçons, e até mesmo das ruas. Muitas pessoas têm olfato sensível, e a maioria evita retornar aos restaurantes de cheiros fortes ou ambientes saturados. Um salão está agradável quando se consegue sentir o aroma de um café ou o suave perfume de uma mulher e nunca quando esses odores se misturam ao odor de um produto utilizado na limpeza de uma mesa ou piso no momento da sua estada e muito menos durante sua refeição.

Tato

Uma refeição é composta por rituais culturais que envolvem um agradável manejar de pratos, travessas, talheres, taças, copos, guardanapos, garrafas e cardápios. Entretanto, uma refeição perde seu encanto no toque de talheres engordurados, copos com marcas, garrafas sujas, latas amassadas e até guardanapos sintéticos (com baixo poder de absorção da umidade).

Os objetos que entram em contato com o cliente exigem cuidados de limpeza e verificação constante, assim como as maçanetas de portas, os braços das cadeiras, os cardápios, os galheteiros, a borda dos balcões, os tecidos de mesa, entre outros. A temperatura ambiente é também um item de conforto tátil, assim como a maciez dos assentos e dos encostos de cadeiras.

Visão

Um momento de refeição é um ato trivial para alguns e a realização de um sonho para outros. Os restaurantes, na vida das pessoas, são lembrados por sua comida, atendimento e ambientação. Quando esse conjunto funciona com equilíbrio e certa excitação, a atmosfera transforma-se em *glamour*, tendo na visão o sentido dominante.

Independentemente de luxo ou simplicidade, a dignidade de um ambiente começa por sua limpeza. Os vidros, espelhos, metais polidos, balcões, azulejos, objetos e quadros iluminados criam efeitos e sensações agradáveis quando bem colocados e rigorosamente limpos.

Criar um ambiente visualmente agradável e de fácil manutenção é um trabalho difícil até para arquitetos experientes. Equilibrar temas, estilos, formas, funções, símbolos, materiais e manias de cada cliente é um trabalho que exige tanto paciência quanto bom gosto, sobretudo investimento do empreendedor na aquisição e orquestração de sua equipe.

FORMAS DE COMUNICAÇÃO

Ainda na perspectiva dos sentidos, há uma abordagem neurolinguística, para três principais grupos de clientes de restaurante: os visuais, os auditivos e os sinestésicos (O'CONNOR; SEYMOUR, 2011).

Visuais

Os visuais são pessoas elegantes, que cuidam bem do seu corpo e de sua apresentação, gostando de olhar e serem vistos. Num restaurante, ficam atentos a imagens já na entrada principal, passando pelo estilo da arquitetura, objetos de decoração, quadros, detalhes do mobiliário, tipo de louças, formato dos talheres, grafismo dos cardápios, montagem dos bufês, apresentação dos pratos, contrastes da iluminação, uniforme dos atendentes e até a apresentação dos demais clientes.

Auditivos

Os auditivos levam a sério o que ouvem, seja uma música, um comentário ou uma informação. São detalhistas com textos e imagens, sendo atraídos pela qualidade dos materiais utilizados, a precisão dos acabamentos, a música de fundo, o tema do restaurante, a descrição dos pratos nos cardápios, a dicção dos garçons. Perguntam sobre detalhes dos produtos, fazendo pedidos personalizados, ficando fascinados quando são servidos exatamente conforme seu pedido.

Sinestésicos

Os sinestésicos vestem-se com conforto, sem preocupações com estilos ou combinações. Apreciam a vida pelos seus sentidos do tato, olfato e paladar, sendo, assim, ótimos clientes de restaurantes. Apreciam um recebimento (e despedida) com abraço ou aperto de mão, importam-se com o aroma dos pratos, preparações no ponto, temperos exatos, molhos marcantes, o buquê dos vinhos e a exata temperatura da cerveja. Sentem prazer com as texturas da torrada crocante, do pão elástico, do queijo derretido, das carnes macias, dos cremes densos, das caldas fortes. São pouco exigentes com etiquetas ou ornatos, preferindo ser surpreendidos com novos pratos ou um delicioso *petit four* com o café no final da refeição, mas ainda assim são incontestáveis com garçons, especialmente quanto à limpeza de suas unhas, o conteúdo dos pratos e variações dos bufês.

Conjunto

São raras as pessoas puramente visuais, auditivas ou sinestésicas. Embora cada um tenha o predomínio de uma ou outra natureza, a maioria tem um pouco de cada categoria, num *blend* pessoal que se forma e se consolida com o tempo e a experiência.

OS SEIS LUXOS

Muitos objetos de desejo são considerados luxos. Um carro moderno, uma casa bem localizada, um quadro valioso, um objeto raro, enfim tudo que signifique um privilégio de poucos pode ser considerado um exemplo de luxo. Ostentar um luxo é um exercício da vaidade com a missão de causar admiração entre amigos e inveja entre inimigos.

Longe dos caros bens materiais, podem-se usufruir seis sutis luxos da modernidade, a saber: tempo, espaço, comida, segurança, controle e atenção. São luxos de dinâmica individual, dos prazeres sem ostentação, que com um pouco de talento deixam a vida melhor a cada momento. Um restaurante é um exemplo onde esses luxos podem ser apreciados simultaneamente. Um bom restaurante é, assim, o luxo dos luxos.

Tempo

Preparar o restaurante para o tempo é compreender que, na hora de uma refeição, o tempo do cliente pode ser escasso e o atendimento precisa ser rápido; isso normalmente ocorre na hora do almoço. Costuma ser mais comum o cliente dispor de tempo à noite, sendo ideal um ritual de atendimento mais longo e presente, para ser vivido ente amigos e parentes.

Em um restaurante há o tempo aproveitado, quando o cliente se sente bem, atendido com bons produtos e serviços. Por outro lado, há o tempo perdido, seja pela ausência do garçom na praça, longa espera da preparação culinária selecionada, ausência de reposição de bebida, serviço incompleto, mesa com toalha suja ou manchada, café frio e conta equivocada. O tempo aproveitado traz o cliente de volta e, na maioria das vezes, com companhia. O tempo perdido é irrecuperável e uma ofensa ao cliente, que normalmente se vinga não voltando e aconselhando outros clientes a não frequentarem esse restaurante.

Espaço

Normalmente, as pessoas não gostam de sentar-se de costas para a entrada, especialmente se for um bar. Os assentos mais procurados em bares de espera são aqueles que deixam o cliente de frente para a entrada, atrás de balcões, bem projetados, ou em mesas pequenas e redondas, que conferem sensação de aconchego.

Mesas quadradas, junto a paredes contínuas ou painéis divisórios, são confortáveis para casais. As mesas retangulares são ideais no centro do refeitório, uma vez que racionalizam a circulação e facilitam a formação de grandes mesas para grupos.

Mesas redondas ficam melhores em cantos, sendo ótimas para recepcionar grupos, acomodando-os com conforto.

Segurança

Restaurantes com portas abertas para a rua devem contar com serviço de segurança para conferir tranquilidade aos clientes. Quando possível, devem contar com estacionamento de veículos próprio, serviço de *valet* e sistema ostensivo de vigilância. Um vislumbre de insegurança compromete seriamente um estabelecimento, mesmo sendo um bom restaurante.

Grandes centros urbanos estimulam a instalação de restaurantes em *shoppings*, que mantêm presença intensiva de segurança. Renomadas cadeias de restaurantes buscam instalação em *shoppings* por vários motivos, entre os quais: circulação de grande número de pessoas, estacionamento acessível e sensação de segurança, tanto para a organização quanto para os clientes. Outras áreas públicas convenientes para instalação do empreendimento são hotéis, hospitais, escolas, clubes e outros estabelecimentos de acesso controlado. Na forma de aluguel, condomínio ou despesa direta, os custos com segurança estão cada vez mais presentes nas despesas fixas do restaurante.

Atenção

A maioria das pessoas gosta de ser vista com admiração, ouvida com atenção e cumprimentada com respeito. Exatamente por isso o dono, o gerente e os garçons de bons restaurantes devem se preocupar em atender bem seus clientes.

A mesa de um restaurante fica agradável quando está limpa e arrumada, e quando é oferecido algo para comer ou beber tão logo o cliente se instale. Cada restaurante tem seu ritual de atendimento, com *couvert*, bebidas, entradas, pratos principais, sobremesas, cafés, *petit fours* e digestivos. Mesmo após os cafés e *petit fours*, os clientes, entretidos com uma boa conversa, podem continuar precisando de mais água, devendo receber a merecida atenção no atendimento, seja com a oferta de outro café ou demais opções já consumidas. A presença e a manutenção do cliente no estabelecimento devem ser serventias da casa.

Ocorre, contudo, que nem sempre essa opção é considerada a mais rentável em curto prazo, uma vez que a troca de clientes e a oferta de novas refeições é mais rentável ao investidor, empresário imediatista, que vislumbra a rotatividade das mesas, nem sempre enxergando a regra básica do sucesso, qual seja, o cliente percebe a generosidade na extensão de sua presença na casa como um convite, *a priori* aceito, para seu retorno e fidelização ao restaurante.

Um garçom atento chega devagar e com cuidado à mesa, sem interromper a conversa do cliente. Entrega o cardápio, ouve concentrado, oferece sugestões com calma e voz clara, confirma as solicitações efetuadas, serve com pompa, mantendo a mesa servida e limpa.

O retorno do cliente é a recompensa da vocação em servir, que no fundo é um exercício encantador de respeito entre as partes, sem clichês, gestos ensaiados ou atitudes de compromisso. Servir é criar respeito somente pela atenção dedicada, principalmente num mundo de pessoas que vivem sem se olhar, se ouvir ou se tocar.

Controle

O chefe acredita que controla os subordinados, e vice-versa. Os clientes creem que controlam os garçons, e estes pensam que controlam os cozinheiros. No entanto, ninguém controla ninguém, mas essa sensação, embora seja apenas uma ilusão, pode ser fundamental para o equilíbrio das relações entre pessoas.

Num restaurante, dar o controle ao cliente é passar-lhe as informações mais importantes para sua decisão: escolha da mesa, do coquetel da casa, das opções de bufê, dos pratos do dia, das sugestões do *chef*, das maravilhas do cardápio, dos vinhos da ocasião, das novas sobremesas, dos tipos de café, de bebidas raras e do que mais a casa se orgulhar em servir.

Cardápios de entendimento difícil, serviços demorados e falta de informações corretas tiram a sensação de controle do cliente, que pode ficar agressivo e imprevisível. O controle é um jogo para a casa vender mais, com o cliente pagando um preço justo. Em uma mesa com vários clientes, quem paga a conta precisa ter certeza de que está no controle, uma ilusão que jamais deve ser contrariada.

É certo que a orientação da escolha da mesa em um restaurante, ainda vazio, não pode ficar totalmente disponível ao cliente que chega primeiro. As mesas precisam ser manejadas pelo *maître*, conforme seu tamanho e disposição, para que a ocupação do salão seja adequada para recepção, atenção e disposição do serviço a todos, numa perspectiva de casa cheia. Ainda assim, esse primeiro cliente, e mesmo os que adentram uma casa cheia, precisam ter, no mínimo, a sensação de que lhe estão oferecendo o que há de melhor, seja em termos de acomodação, seja em termos de alimento ou serviço.

Comida natural

Os hormônios promotores de crescimento para os animais de criação, o mercúrio dos mares, os venenos da lavoura, as enzimas nas águas, os antibióticos para todos os usos e os conservantes em geral, todos em dosagens acima das legalmente permitidas, tornam os alimentos comuns em perigosos produtos de consumo.

Embora os alimentos cultivados sem adição de produtos tóxicos, também conhecidos por "orgânico", tenham um custo mais elevado, seu consumo está se tornando crescente, criando novos mercados para produtores alternativos e oferecendo maior segurança alimentar aos consumidores.

A crescente aceitação do "alimento orgânico" é devido ao conhecimento de que sua produção ocorreu sem prejudicar a saúde do homem do campo e sem prejudicar a qualidade do solo e da água.

Acredita-se que a era de alimentos certificados, com garantia de origem, composição e data de validade, está próxima. Alguns alimentos, como o melão, por exemplo, são comercializados com data de colheita e período de validade. É preciso ficar atento aos fornecedores de alimentos e de materiais de limpeza. É imprescindível observar com cuidado as informações contidas nos rótulos dos produtos. Restaurantes modernos certamente entrarão para o sistema *green kitchen*, uma vez que esse sistema pode garantir sustentabilidade ambiental.

CAPÍTULO 3

AS FORMAS DE COMERCIALIZAÇÃO

Desde um pastel com caldo de cana numa feira até um lauto banquete do melhor bufê da cidade, uma refeição é um ato de prazer que precisa de preparação e tempo. A comercialização é uma forma de excitação, o início de ritual lúdico pode ocorrer pela visualização de uma vitrine, um cardápio ou um bufê.

VITRINE

Para a venda de alimentos quentes, prontos para serem consumidos, como salgados, coxinhas, empadas, *croissants*, esfirras, quibes, pão de queijo ou de batata, *quiches*, fatias de tortas salgadas e pedaços de *pizzas*, precisa-se de uma vitrine que mantenha a temperatura correta e segura (estufa), que os conserve e promova sua venda.

A temperatura para conservar essas preparações na estufa é de 65 °C e deve ser mantida a umidade interna elevada. Para promover a venda, é importante colocar, ao lado da bandeja de cada produto, descrição e preço unitário (Figura 3.1).

Quando o vidro da estufa fica levemente embaçado, é melhor ainda, pois leva a crer que os produtos foram recém-colocados. Toda estufa precisa de luz interna para promover seus produtos. Se o ambiente possuir luz amarela, usa-se luz branca na vitrine, ou vice-versa. Vender com vitrine é mostrar fartamente um produto, na sua melhor forma e com todas suas qualidades claramente informadas.

FIGURA 3.1. Exemplos de vitrines para preparações. Fonte: PRECX, 2013.

A comercialização de preparações culinárias em vitrines é indicada e utilizada em locais com grande trânsito de pessoas, como postos de parada, estações rodoviárias, ferroviárias, aeroportos, bem como em ruas de centros urbanos, em festas, parques e bares. Pode ser operada com ficha de consumo ou ficha no caixa, conforme o local da venda.

Nas vitrines refrigeradas (Figura 3.2), vendem-se doces, tortas, bolos, saladas, sanduíches frios, molhos, patês, tapas e acepipes em geral. Utilizam-se também vitrines neutras para venda de alimentos à temperatura ambiente, como massas secas, pães, bolos, roscas e *petit fours*.

FIGURA 3.2. Exemplos de vitrine de doces. Fonte: PRECX, 2013.

Os alimentos que se conservam à temperatura ambiente podem ficar expostos ainda sobre balcões, em cestas, travessas, bandejas ou pratos, desde que estejam devidamente embalados e protegidos do meio ambiente. De qualquer forma, os produtos de venda têm a mesma necessidade de iluminação diferenciada e da tabela informativa ao lado, com a descrição de cada produto e seu preço de venda (Figura 3.3).

FIGURA 3.3. Exemplos de vitrines de salgados. Fonte: PRECX, 2013.

Em momentos de grande fluxo de clientes, a reposição deve ser imediata, pois uma vitrine vende enquanto estiver bonita e farta de produtos frescos. Nos períodos de menor afluência, com o auxílio de bandejas, cestas, panos bordados e papéis coloridos, decora-se uma vitrine com poucos produtos. Deve ser evitado o desperdício, assim como a ausência de preparações. A vitrine é uma forma rápida de comercialização de produtos e um sucesso quando fica vazia no fim do expediente.

CARDÁPIO

Enquanto os olhos atentos percorrem o cardápio local, o corpo, o ego e o bolso confabulam sobre o melhor prato para o momento. Numa mesa, em boa companhia, as pessoas fazem a festa, alimentando lembranças, vivendo o momento, festejando o encontro ou saudando a vida. Precisam somente de um cardápio com boas opções e um atendimento honesto.

Um cardápio é um conjunto de informações formado por textos, desenhos e fotos (Figura 3.4), que leva os clientes a usarem seu senso e imaginação. Independentemente da sua época e modismo, ele deve ser entendido sem dificuldade por qualquer pessoa. O cardápio é feito para o cliente se identificar com a casa, com alguma atitude em relação à vida e ao mundo.

Palavras como delicioso, gostoso, macio, suculento, generoso, *light*, *diet* e congêneres têm significado relativo e retiram a sinceridade do cardápio. Para manter a confiabilidade do que está sendo oferecido, basta informar como é preparado e como é apresentado cada um dos pratos, deixando que a imaginação do cliente cumpra o restante.

O cardápio é uma forma de venda comum a vários tipos de restaurantes. Há o à *la carte* num restaurante formal, o *back light*, numa lanchonete expressa, as toalhas de papel de uma padaria, o *delivery* de uma *pizzaria*. Na maioria das vezes é no cardápio que se valoriza e se vende um restaurante. Um cardápio bem feito é uma obra de arte, para ser diariamente contemplado.

FIGURA 3.4. Exemplo de cardápio. Fonte: PRECX, 2013.

BUFÊ

O bufê é uma forma de venda popular que se adapta a qualquer conceito alimentar (Figura 3.5). Há bufês com pratos baianos, mineiros, goianos, japoneses, chineses, franceses, portugueses, italianos e espanhóis. Há também aqueles com frutos do mar, *brunchs* ou *happy hour*. Enfim, qualquer tema, etnia, culinária ou horário pode estar presente em serviços de bufê, com suas ofertas de pratos principais, sopas, saladas, molhos, cremes, pastas, temperos, frutas, sorvetes, tortas e doces caseiros.

Os serviços de bufê são ótimos para refeições rápidas, como almoços em *shoppings* ou em ruas movimentadas. São indicados tanto para servir pratos típicos em regiões turísticas, como peixadas à beira mar. São comuns nas feijoadas aos sábados, em festas ou em *brunches* de fim de semana. Para situações com comida típica, rápido atendimento ou informalidade, há sempre espaço para um bom serviço de bufê.

Podem ser comercializados por peso, por prato e por pessoa. Quando comercializados por peso, com variedade de itens em exposição, são indicados em grandes centros, normalmente em situações de intenso movimento e concorrência. Para restaurantes turísticos com comidas típicas, a variedade de itens em exposição é normalmente menor, utilizando-se o sistema de bufê por pratos. Em situações com custos liberados como *brunches* e festas, é indicado o bufê por pessoa.

A operacionalização de um bufê não é muito simples, uma vez que, além de oferecer bons produtos, devem-se adequar as quantidades ajustadas às demandas, mantendo o balcão do bufê atraente, com substituição de pratos e rearranjos nas travessas.

FIGURA 3.5. Exemplos de tipos de bufês. Fonte: PRECX, 2013.

BUFÊ MISTO E RODÍZIO

As três distintas formas de venda podem ser combinadas. Serviços à *la carte*, por exemplo, podem ser combinados com bufês de saladas e de sobremesas. O rodízio é outro sistema de venda, utilizado para carnes (Figura 3.6), *pizzas*, *sushis* (Figura 3.7) e massas, sendo tipicamente brasileiro, num misto de especialidade da casa com bufê. É uma operação cara, que precisa de muito controle e movimento para ser lucrativa.

FIGURA 3.6. Exemplo de bufê rodízio. Fonte: PRECX, 2013.

FIGURA 3.7. Exemplo de bufê misto. Fonte: PRECX, 2013.

TEATRO E LUZES

Desde uma cozinha totalmente aparente até um serviço especial no salão, há um elenco de atividades de preparações à vista do cliente que valorizam a especialidade ou criam um diferencial para o restaurante, como fazem as churrascarias, doceiras, casas de massas, lanchonetes, *sushi* bares e bufês e casas de sucos. Como um quadro vivo em movimento, um bom teatro é uma forma vibrante e natural de o restaurante mostrar suas qualidades.

Um bom teatro enfatiza os aspectos funcionais da cozinha, onde se prepara de verdade o prato que será consumido. Apresentam-se a brasa das churrascarias, o forno das pizzarias dos pães, os queijos e molhos das massas, as panelas com *paella* (Figura 3.8), a fritura dos pastéis, os pulos das pipocas, as caldas de chocolate, os rituais do *sushi*, o gelo das ostras ou do caviar (Figura 3.9), o coquetel do *barman*, o café do barista e os *crepes* do *maître* no salão. Com um bom cenário e uma paixão, o teatro é um *show* de magia.

FIGURA 3.8. Exemplo de panela especial para preparação de *paella*. Fonte: PRECX, 2013.

FIGURA 3.9. Forma adequada para oferta de pratos que exigem manutenção de temperatura fria. Fonte: PRECX, 2013.

DESTAQUES

Para qualquer coisa que simbolize o espírito de um restaurante, há necessidade de iluminação projetada. Seja um quadro famoso, uma estátua, um arranjo floral, um objeto raro, um painel artístico, um fundo de bar, um bufê, uma vitrine, uma área teatral, enfim um destaque bem feito conta com a força de uma iluminação bem cuidada, a exemplo da Figura 3.10.

FIGURA 3.10. Exemplo de destaque decorativo. Fonte: PRECX, 2013.

AMBIENTES PARA SOLITÁRIOS E ACOMPANHADOS

Uma grande, detalhada e artística pintura pode ser um elemento para uma contemplação longa e agradável, para frequentadores sozinhos, como é comum em alguns restaurantes de hotéis, lanchonetes regionais ou cafés casuais (Figura 3.11). As paredes podem ter quadros, esculturas artísticas, um nome em néon, prateleiras iluminadas, com bebidas, azeites, temperos ou frutas. As mesas podem ter um galheteiro diferente, um vaso com arranjo floral. São bem-vindas estantes com jornais do dia e/ou revistas especializadas em moda, música, cinema, automóveis e tecnologia. Em ambientes de alta tecnologia, é quase obrigatória a presença de computadores conectados à internet.

Os elementos de contemplação ou leitura, que ajudam os solitários a passarem agradavelmente seu tempo, perdem importância nos lugares onde pessoas vão acompanhadas ou para encontrar outras pessoas, como em bares regionais, pizzarias famosas e restaurantes de clubes. São ambientes nos quais o importante são as pessoas, e a ambientação pode ser mais leve e discreta.

FIGURA 3.11. Tipo de decoração contemplativa. Fonte: PRECX, 2013.

CAPÍTULO 4

AS CORES DO TRABALHO

O trabalho humano, para ser completo, deve conter um misto de produto, serviço, tecnologia e espírito. O *blend* dessa mistura é que torna um restaurante totalmente diferente do outro, dando forma ao seu conceito, criando seu símbolo ou levando à sua identificação.

As atividades humanas podem ser divididas em quatro áreas, cada qual com sua cor, com os tons de vermelho (humanas), verde (natureza), azul (tecnologia) e branco (religião), nas quais se formam as crenças dos investimentos. Para que nada fique esquecido na formação desse *blend*, descrevem-se, a seguir, algumas características dessas quatro cores, deixando que as preferências de cada empreendedor definam o espírito de seu restaurante.

VERMELHAS

São pessoas com atividades ligadas ao próprio ser humano, aos cuidados com saúde, família, educação, comunidade, esportes e atividades sociais. Basicamente, elas têm comprometimento com alguma causa humanista, buscam reconhecimento e gostam de estar com outras pessoas. Empreendedores vermelhos fazem qualquer coisa para ter seus restaurantes cheios, com *glamour* e pessoas famosas.

VERDES

São pessoas com atividades ligadas à natureza, defendendo sua integridade, preservando sua diversidade e as formas naturais de coexistência. Os clientes e empreendedores verdes preocupam-se com a origem dos alimentos e dos materiais descartáveis e a utilização segura de produtos químicos. Valorizam a conservação e formas naturais de preparação de alimentos, preocupando-se com a harmonia entre o homem e a natureza. Gostam de decoração com plantas exuberantes e flores naturais.

AZUIS

São as atividades ligadas à tecnologia e ciência, promovendo o uso de equipamentos e sistemas modernos. Os clientes e empreendedores entendem que a tecnologia está a serviço do conforto das pessoas, melhorando seus produtos, modernizando a produção e facilitando o atendimento. Como cada detalhe pode ser objeto de modernização, têm sempre um enorme campo de atuação para serem criativos e surpreendentes. Gostam de decoração com vídeos, pedidos eletrônicos, fotos famosas, filmagens locais e jogos eletrônicos em geral.

BRANCAS

São as atividades ligadas à espiritualidade, permitindo ao homem a prática tranquila de seus hábitos místicos ou crenças religiosas. Os budistas vegetarianos, a cozinha *kosher* e os hábitos adventistas de alimentação são os exemplos mais comuns. Existem restaurantes de fundo religioso fazendo sucesso em mosteiros, igrejas e clubes étnicos, frequentados respeitosamente por pessoas de outros grupos.

Alguns empregadores sentem maior segurança em contratar pessoas com alguma prática religiosa, entendendo que as crenças espirituais fortalecem a confiança mútua nas relações. Existem clientes que têm preferência por empresas que respeitam práticas de espiritualidade.

O PONTO DE EQUILÍBRIO

Os restaurantes têm bons e maus momentos e mesmo assim conservam boa relação com a clientela. É impossível estar tudo perfeito o tempo todo, mas é quando as coisas se desgovernam que as verdadeiras personalidades se revelam. Independentemente de incidentes fortuitos ou eventuais críticas da mídia, haverá a magia do sucesso enquanto houver ambiente limpo, qualidade nos produtos, atenção nos serviços e honestidade nos preços. Um bom restaurante é irresistível.

CAPÍTULO 5

ÁREAS E SERVIÇOS

À medida que se sofisticam, os restaurantes criam novas áreas com funções, equipamentos e pessoal específicos. As áreas clássicas, descritas a seguir, servem como referência às necessidades de um novo restaurante. Entretanto, nem todas serão utilizadas, conforme o conceito pretendido.

RECEBIMENTO

É, na prática, na entrada de serviço do restaurante, com fluxo constante de produtos, serviços e pessoas, que se faz o recebimento de todos os itens, conferindo-se quantidades, qualidade, pedidos e notas fiscais. Controlam-se a entrada e a saída de funcionários, vendedores, prestadores de serviços e até de pessoas estranhas. Cuida-se, ainda, das saídas de lixo e caixas de retorno.

Essa área é planejada para receber furgões, caminhonetes ou caminhões, em operações de carga e descarga, protegidas de problemas climáticos. Os equipamentos operacionais para essa área são uma balança plataforma, um carro plataforma (Figura 5.1) ou palete (Figura 5.2), um recipiente para lixo e uma mesa com gavetas para ferramentas.

Em hotéis e hospitais, é comum haver uma área de recebimento geral, para a cozinha e o restante do prédio, aumentando o movimento de materiais e pessoas, gerando, assim, a necessidade de uma guarita de segurança. É recomendável também um banheiro para pessoal externo, como vendedores, motoristas e entregadores, evitando-se que utilizem os vestiários de pessoal.

FIGURA 5.1. Exemplo de carro palete. Fonte: PRECX, 2013.

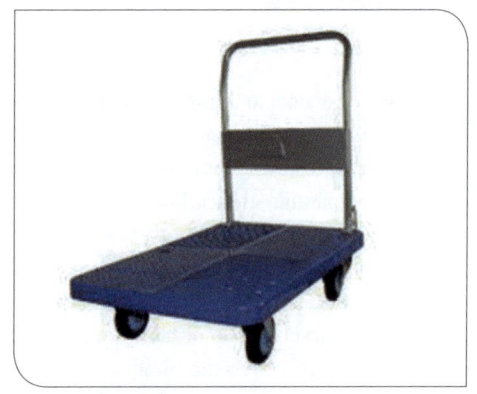

FIGURA 5.2. Exemplo de carro plataforma. Fonte: PRECX, 2013.

VASILHAMES DE RETORNOS (CAIXAS DE FORNECEDORES), LAVAGEM E LIXO

Alguns fornecedores transportam e entregam seus produtos acondicionados em recipientes próprios, que ficam no restaurante para serem retirados na próxima entrega. Por questões de higiene, essas caixas devem ficar do lado de fora da cozinha, sendo os produtos transferidos para outras caixas, limpas, do estoque da própria cozinha (Figura 5.3).

Dessa forma, derivam-se três áreas para caixas: uma para caixas limpas da cozinha, outra para as caixas de retorno do fornecedor e uma terceira para lavagem de todas as caixas, que será aproveitada também para limpeza de latões, chassis e carrinhos.

FIGURA 5.3. Exemplo de caixas plásticas. Fonte: PRECX, 2013.

Outra área de retorno é para o lixo orgânico e os demais resíduos classificados, como madeira, papel, plástico, vidro e latas. O lixo orgânico, derivado dos processos de preparação e restos do restaurante, pode ser calculado em torno de 50 gramas por refeição, mantido ensacado sob refrigeração (0 e 2 °C), por um período máximo de três dias. Esse lixo pode ser mantido em refrigerador ou câmara frigorífica, conforme seu volume e periodicidade de recolhimento. Os resíduos de madeira, papel, plástico, vidro e latas são acondicionados respectivamente em grandes caçambas, diferenciadas por cor (Figura 5.4), a saber, azul para papéis, verde para vidro, vermelha para plástico, amarela para metais e preta para papéis não recicláveis.

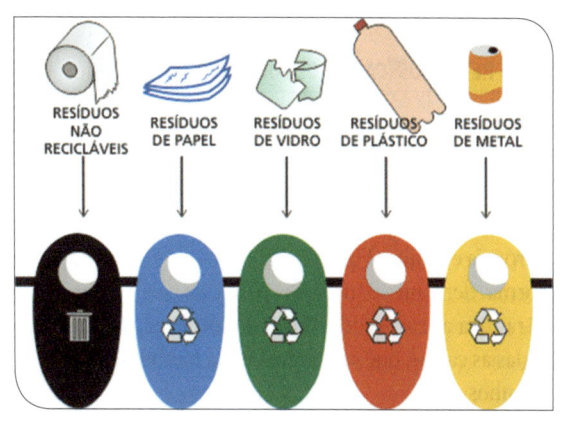

FIGURA 5.4. Orientação para destino do lixo. Fonte: TNG Ambiental, 2013.

LAVANDERIA

Uma área a ser lembrada é a lavanderia, para lavagem de panos, toalhas, guardanapos, aventais e uniformes em geral, sendo necessária para alguns restaurantes em locais remotos. Nesse caso, é montada com um tanque, uma lavadora, uma secadora, armários e uma mesa para passar a ferro.

ARMÁRIOS DE LIMPEZA

É basicamente um armário de limpeza em alvenaria para acomodar rodos, vassouras, baldes e produtos de limpeza, com um ralo para águas de despejo como as da limpeza de pisos. Na parede sobre esse ralo coloca-se uma torneira com a respectiva mangueira. Esse armário fica nas áreas de retorno ou na sala de lavagem de louças, podendo ser repetido em outros locais de uma mesma cozinha, conforme seu tamanho ou andares.

LAVATÓRIOS E BEBEDOUROS

Sempre que um manipulador deixa sua área de trabalho para atender a chamados, qualquer que seja o motivo, ir ao banheiro, ao telefone, manipular lixo, usar caixas, tocar maçanetas, carrinhos ou quaisquer objetos de uso comum, ele deve lavar as mãos antes de voltar a manipular alimentos. Os lavatórios são necessários em vários pontos da cozinha, principalmente em seus corredores de entrada e saída, sendo projetados com torneiras acionadas por sistemas sem uso de mãos, com acesso fácil a detergentes, secadores de mãos e recipiente para lixo.

Por questões práticas, pode-se colocar um bebedouro ao lado de cada lavatório, juntando duas atividades normalmente associadas, fora das áreas normais de trabalho. Os tipos de bebedouros ficam a cargo de cada empresa, podendo ser por galões ou ligados à rede de água.

SALAS DE CHEFIA

O gerenciamento de um restaurante exige a presença do chefe para decisões do dia a dia. A supervisão da chefia deve ser presencial, isto é, ao lado dos funcionários, dentro da cozinha. Considerando que existem outras tarefas, além da supervisão de funcionários, próprias da chefia, tais como elaboração de cardápios, previsões de compra, relatórios e reuniões confidenciais, que necessitam de silêncio e concentração, a sala da chefia deve ser alocada em local calmo e isolada da cozinha.

DESPENSA

A despensa é um local seco e limpo para a guarda de produtos industriali-zados como café, açúcar, farinhas, óleos, temperos e massas, além de produtos naturais de duração maior, como arroz, feijão, batatas e bananas. Os equipa-mentos típicos da despensa são estrados, estantes, mesa de conferência, balança de mesa, escada e recipiente para lixo. Se o estoquista ficar locado na despensa, há necessidade de uma mesa de trabalho e um computador. A área de despensa deve ser seca, ventilada e iluminada preferivelmente de forma natural.

DEPÓSITO DE MATERIAL DE LIMPEZA E DESCARTÁVEIS

Dentro ou fora da despensa, sempre em local separado, o material de lim-peza pode ter um controle próprio, considerando a manipulação diária de produtos químicos tóxicos. Em restaurantes que venham a ter uso intensivo de descartáveis, como guardanapos, canudos, toalhas americanas, materiais de promoção e de entregas, recomenda-se também um depósito próprio de mate-rial descartável, separado da despensa.

BEBIDAS EM LATA OU GARRAFAS

Para restaurantes com movimento intenso em fim de semana, casas notur-nas ou de grandes eventos ocasionais, recomenda-se um depósito seco para be-bidas, para estoque de garrafas e latas suficientes para quatro dias de movimen-to, mais uma câmara frigorífica para dois dias. Os depósitos secos e as câmaras são dimensionados à razão de 1 m^2/1.000 garrafas ou 1.200 latas.

CHOPE

Um barril de chope, em uso, interliga-se a um cilindro de CO_2, que, sob pressão, succiona o chope para fora, o qual passa por um resfriador e segue di-retamente para as torneiras de serviço. O cilindro de CO_2 tem controle regulá-vel de pressão; o resfriador é dimensionado conforme a demanda de chope; e os tubos de encaminhamento do barril até as torneiras de serviço são isolados termicamente.

Se o chope for entregue pasteurizado pode ficar em depósito seco, de onde é conectado diretamente ao sistema. Se o chope for entregue sem pasteurização, necessita ser mantido sob refrigeração, em uma câmara frigorífica, para ser co-nectado ao mesmo sistema. Um barril de 50 litros, com Ø = 50/50 cm de altura, equivale a 120 a 150 copos (230 mL).

ESTOQUE REFRIGERADO

Para conservar alimentos frescos ou perecíveis, há necessidade de refrigeradores, congeladores e câmaras frigoríficas, dimensionados de acordo com as variedades (carnes, embutidos, ovos, hortaliças, frutas, laticínios e congelados) e as quantidades de cada restaurante.

Para restaurantes pequenos ou lojas de atendimento rápido, ambos com suprimento praticamente diário, utilizam-se refrigeradores verticais ou sob a forma de balcão, destinando-se um para carnes, um para hortaliças, um para laticínios e um para congelados. Conforme a especialidade do restaurante, pode haver outras destinações como peixes, frangos, massas, doces e frutas.

Os refrigeradores para estoque encontrados no mercado são verticais, com porta de vidro, capacidade aproximada de 500 litros, com medidas em torno de $70 \times 70 \times 200$ cm de altura. Para efeito de planejamento, cada 500 litros estoca aproximadamente 600 porções de carnes, ou 400 porções de frutas, ou 400 porções de folhas, ou 400 porções de legumes, ou 600 ovos, ou 1.200 porções de laticínios.

Para restaurantes a partir de 300 *couverts* diários, é preferível a utilização de câmaras frigoríficas, dimensionadas à razão de 0,025 m²/total de refeições diárias, com as seguintes temperaturas:

- De 0 a 2 °C – para carnes (bovina, suína, aves e pescados);
- De 4 a 7 °C – para laticínios, frios, ovos e doces;
- De 8 a 10 °C – para legumes, folhas e frutas;
- De -18 a -25 °C – para congelados em geral.

Os alimentos frescos ou perecíveis armazenados nas unidades refrigeradas de estoque são processados nas áreas de pré-preparo e seguem para outras unidades de refrigeração nas áreas de *garde manger,* cocção e copas, onde serão mantidos a 4 °C, até serem consumidos.

ÁREA DE COMPRESSORES

Alguns restaurantes usam um local remoto, arejado, para os compressores de balcões refrigerados e câmaras frigoríficas. Esse procedimento aumenta a área útil de trabalho, diminuindo ruídos e produção local de calor. A interligação dos evaporadores, que ficam dentro dos refrigeradores ou câmaras, aos respectivos compressores remotos ocorre por dois tubos de cobre, que se encontram isolados e instalados dentro de paredes ou em tubos aparentes.

A área dos compressores deve ficar em local de fácil ventilação, aberta, porém protegida de intempéries. Teoricamente, o compressor de um balcão refrigerado representa volume de $40 \times 40 \times 40$ cm de altura. Nesse volume, o ar ambiente entra por uma das faces, é resfriado e sai aquecido pela face oposta, liberado para o ambiente. Para câmaras frigoríficas, deve ser previsto compressor em 90 × 90 × 90 cm com as mesmas características de ventilação. Sob condições favoráveis, os compressores podem ficar lado a lado ou sobrepostos nessa área.

VESTIÁRIOS DO PESSOAL

Segundo legislação nacional, os vestiários devem possuir chuveiro e um vaso sanitário para cada 20 funcionários, com a mesma proporção de mictórios para o banheiro masculino. Além disso, é preciso instalar um armário para a guarda de roupa para cada funcionário. Em regiões muito quentes, ou em restaurantes de um único turno, em que os funcionários entram e saem todos praticamente na mesma hora, recomenda-se um chuveiro para cada 10 funcionários. Caso o restaurante apresente política de contratar cadeirantes, normalmente é para trabalhos administrativos, prescindindo de troca de roupa. Não é necessário sanitário específico para o cadeirante, que pode fazer uso do banheiro, do próprio restaurante, destinado a cadeirantes.

MONOBLOCOS E CRITÉRIOS DE MANIPULAÇÃO

Por questões de critério, usam-se monoblocos plásticos altos para armazenamento de alimentos em estado bruto e monoblocos rasos para aqueles pré-preparados. A preparação culinária finalizada é acondicionada em recipientes Gastronorm (GN), seja em aço ou policarbonato, sendo assim servida ao cliente.

Para carnes e congelados brutos, utilizam-se monoblocos com fundo e paredes fechados (Figura 5.5), de 60 × 40 × 27 cm. Para carnes, assim como para congelados pré-preparados, recomenda-se o uso de monoblocos rasos, com fundo e paredes fechados, porém mais baixos que os primeiros, isto é, com 60 x 40 x 15 cm.

Para hortaliças e frutas que ainda não sofreram processamento, são utilizados monoblocos com fundo e paredes vazados (Figura 5.6), com 60 × 40 × 27 cm. Para hortaliças (folhosas ou não) e frutas pré-preparadas, recomenda-se o uso de monoblocos rasos, com fundo e paredes vazados, com 60 × 40 × 15 cm.

Para laticínios e embutidos, podem ser usados monoblocos com fundo fechado e paredes vazadas (Figura 5.7), de 60 × 40 × 27 cm. Para os frios e embutidos pré-preparados, usamos monoblocos rasos (Figura 5.8), com fundo fechado e paredes vazadas, com 60 × 40 × 15 cm de altura.

FIGURA 5.5. Exemplo de monobloco com fundo e paredes fechados. Fonte: PRECX, 2013.

FIGURA 5.6. Exemplo de monobloco com fundo e paredes vazados. Fonte: PRECX, 2013.

FIGURA 5.7. Exemplo de monobloco com fundo fechado e paredes vazadas. Fonte: PRECX, 2013.

FIGURA 5.8. Exemplo de monobloco fechado raso. Fonte: PRECX, 2013.

A vantagem desse sistema é usar o equipamento adequado e identificar rapidamente a caixa certa para cada linha de produto, evitando riscos de contaminação cruzada. Além disso, como as caixas altas ou rasas têm as mesmas dimensões de largura e comprimento, podem-se utilizar chassis de apoio no mesmo tamanho, assim os monoblocos não permanecem em nenhum momento em contato com o piso.

PREPARO DE CARNES

As carnes mantidas sob refrigeração (câmara ou refrigerador) em monoblocos altos são conduzidas ao processamento, que ocorre sobre pranchas de polietileno ou em máquinas específicas (picador, amaciador). Após o processamento, são acondicionadas em monoblocos baixos e enviadas para o *garde manger* e para cocção. Os monoblocos empilhados que foram usados são levados para lavagem, onde permanecem até a próxima recarga. Devem ser previstas duas áreas de 70 × 70 cm para caixas, bandejas e carros.

Os equipamentos mais comuns para o preparo de carnes são o moedor, serra de fita, balança de precisão, pranchas de polietileno (Figura 5.9) e embaladora a vácuo. As mesas de apoio para o preparo de carnes devem ser em aço inox, a razão de 200 cm por operador. Devem ser previstas duas cubas grandes para limpeza das peças dos equipamentos e de algumas bandejas.

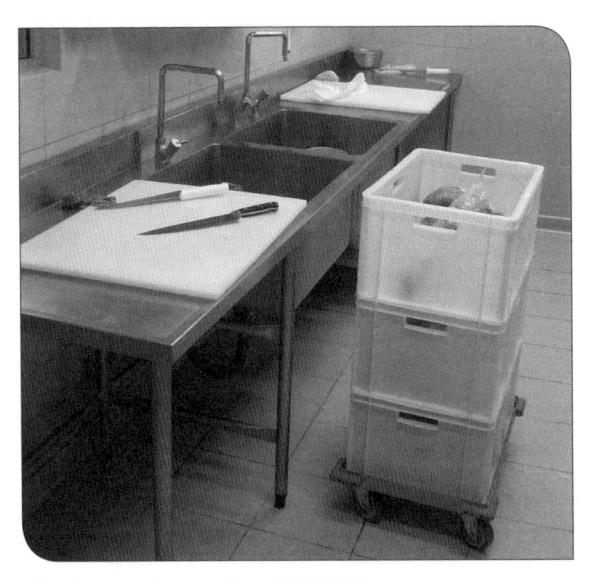

FIGURA 5.9. Área de preparo de carnes. Fonte: PRECX, 2013.

PREPARO DE TUBÉRCULOS E HORTALIÇAS

Tubérculos e hortaliças não folhosas estocadas sob refrigeração em monoblocos altos, nessa área, são lavadas, descascadas, aparadas, porcionadas e acondicionadas em monoblocos baixos ou recipientes GN (Figura 5.10), sendo em seguida encaminhadas ao *garde manger*, ou à copa ou à cocção. Devem-se prever duas áreas de 70 × 70 cm para estacionar dois chassis com monoblocos.

Basicamente, para o preparo desses alimentos, utilizam-se descascador de batatas (Figura 5.11), centrífuga e cortador de legumes. As mesas são dimensionadas na relação de duas cubas grandes para cada operador. As pranchas plásticas para corte devem ser grossas e travadas nas bordas das cubas. Devem-se prever recipientes para lixo, dada a elevada quantidade de resíduos.

FIGURA 5.10. Exemplo de recipiente Gastronorm (GN). Fonte: PRECX, 2013.

FIGURA 5.11. Área para preparo de hortaliças e tubérculos. Fonte: PRECX, 2013.

GARDE MANGER OU COZINHA FRIA

Cabe ao *garde manger* receber as carnes, aparando-as, temperando-as (assados de modo geral) ou empanando-as (bifes, frangos e peixes). É nessa área que são fatiados queijos e frios destinados ao café da manhã, lanches, cocção e bufês. Cabe também ao *garde manger* preparar saladas, molhos, conservas, patês, cremes e sobremesas dos bufês. Em alguns casos, o *garde manger* pode fazer também alguns trabalhos de confeitaria, *pâtisserie* e padaria.

Para o desenvolvimento dessas atividades, são necessários fatiador de frios, batedeira, liquidificador, prateleiras para temperos, estantes para bandejas limpas e mesa grande para a montagem.

Conforme a característica do restaurante, devem-se prever refrigeradores ou câmaras frigoríficas para carnes, salgados preparados e doces. Caso essa área seja distante da cocção, convém instalar um fogão e um forno. Considerando o tempo de preparo dos alimentos, é recomendável que o ambiente de trabalho do *garde manger* seja frio, se possível, com condicionamento de ar.

PÂTISSERIE

O *garde manger* é típico da escola francesa e a *pastisseria* é o seu correspondente na cozinha italiana. É na *pâtisserie* que são preparados bolinhos, rissole, empadas, pastéis, *quiches*, empanadas, antepastos, tortas salgadas, massa fresca e pão de queijo. Os equipamentos são praticamente os mesmos utilizados no *garde manger*. Deve-se dimensionar área a partir de 15 m².

CONFEITARIA

Na confeitaria, onde são preparados doces, bolos, *petit fours*, pães doces, *croissants* e outros pães de casca lisa, são indispensáveis: batedeiras (grande e pequena), laminadora de massas, mesa com tampo em aço inox, carros com assadeiras, prateleiras para ingredientes, estantes para formas, fogão, forno de lastro, balcões refrigerados (dependendo do restaurante, câmara frigorífica). Considerando a especificidade desses preparos, deve-se prever tampo com cuba para higienizar assadeiras, formas e panelas. Deve-se dimensionar área a partir de 15 m².

PADARIA

Para o preparo de pão francês, pão italiano e outros pães de crosta dura e crocante, necessita-se de filtro de água gelada, batedeira rápida, mesa de pesagem, divisora, modeladora, carros fechados com assadeiras, fermentadeira programada, forno com vaporização, carros abertos para assadeiras e mesa com cubas para lavagem das assadeiras. Deve-se dimensionar área a partir de 15 m².

Para confeitaria como padaria, devem-se estabelecer, primeiramente, os tipos de produtos que serão preparados, para definir o tamanho das assadeiras e os fornos. As assadeiras mais usadas são de: 40 x 40 cm; 40 x 80 cm; 59 x 79 cm.

SHOCK FREEZER

Para enfrentar a sazonalidade de alimentos perecíveis e importantes, manter estoque de pratos especiais, provisões para eventos, enfim, reservas para momentos especiais, pode-se contar com instalações de *shock freezer*.

O *shock freezer* é um processo de congelamento rápido, em que o alimento ou preparação é colocado ainda quente (60 °C), em uma câmara fechada recebendo ar frio a -40 °C, ou evaporação de nitrogênio a -150 °C. Quando terminado o processo, o alimento fica conservado a -18 °C em câmaras frigoríficas, até ser reaquecido e usado para consumo. O aparelho de *shock freezer* utiliza de 1 a 3 m², mais 9 m² para estocagem dos produtos congelados.

CÂMARAS DE PREPARADOS

As cozinhas de bufês e festas, por exemplo, que realizam o preparo de pratos com antecedência da data de evento não podem prescindir de câmaras frigoríficas para armazená-los conforme vão sendo finalizados, separando-os em pratos frios, pratos quentes e sobremesas.

Cozinhas satélites ou de terminação também precisam de câmaras frigoríficas para o armazenamento de preparações. Algumas lojas que comercializam pratos em praças de *shopping*, bem como cozinhas temáticas, instaladas no último andar de edifícios, são exemplos de montagens que precisam de câmaras de preparados, com área a partir de 6 m².

COZINHA LENTA E RÁPIDA

A cocção de um alimento pode ser lenta ou rápida (Figura 5.12). A cocção lenta é constituída, basicamente, por fornos, fogões, caldeirões, básculas, destinando-se ao preparo de cozidos e assados que precisam de mais tempo para a cocção e, desse modo, necessitam ser feitos com antecedência. A cocção rápida é formada por fritadeiras, fogões, chapas, grelhas, micro-ondas e salamandras, destinando-se a frituras, grelhados, puxados, gratinados e terminações rápidas nos pratos para consumo imediato.

FIGURA 5.12. Exemplos de áreas de cocção. Fonte: PRECX, 2013.

Cada restaurante deve selecionar os equipamentos de cocção conforme o cardápio e as quantidades de preparações, sendo ideal que os dois tipos de cocção trabalhem em harmonia. No entanto, sabe-se que nem sempre se dispõe de área para os dois tipos. Uma forma de contornar esse problema mantendo a funcionalidade é colocar a cocção rápida mais próxima da praça de garçons.

Os equipamentos de cocção na modulação de 70 × 70 cm são indicados para restaurantes de 200 a 300 *couverts* por período. Para restaurantes maiores, utiliza-se a cocção modular de 90 × 90 cm. Com exceção dos fornos, os equipamentos de cocção lenta e rápida encontram-se disponíveis em ambas as modulações.

Além dos equipamentos indicados para o preparo de cardápios, há necessidade de outros, considerados de apoio para manipulação, tais como balcões com prateleiras, estufas, banho-maria, cubas, recipientes para lixo e vários refrigeradores. Para organização do uso de balcões refrigerados, utiliza-se uma porta para cada tipo de alimento como carnes (bovina, aves, pescados); tubérculos congelados, saladas, massas, frios, doces, temperos e molhos. Caso o restaurante não comporte, podem ser previstas gavetas refrigeradas dimensionadas da mesma forma para cozinhas compactas.

DISTRIBUIÇÃO

A distribuição das preparações culinárias abastece a praça dos garçons (Figura 5.13). Normalmente, é constituída por um balcão com armários, banho-maria, estufa, refrigeração, prateleiras superiores, luzes infravermelhas, além de fornos de radiação e micro-ondas. O tamanho da distribuição varia conforme a complexidade das terminações, a extensão do cardápio e a velocidade pretendida no despacho dos pratos.

COPA FRIA OU *GAMBUZZA*

Os *couverts,* pães aquecidos, sucos, águas, refrigerantes, cervejas, chopes, vinhos, frutas, doces, sorvetes, sobremesas preparadas e cafés são preparados na copa fria. Os principais equipamentos são refrigeradores com locais separados para *couverts,* frutas, doces, sorvetes, bebidas e copos de chope, bem como as torneiras de chope, armário e forno para pãezinhos, cafeteira expressa, com armário para pós, açúcares e chás. Outros itens são o extrator de sucos, copos, local para frutas, gelo e recipiente para lixo. Conforme o tamanho do restaurante, deve haver máquina para fabricação de gelo, armários para baldes e um armário climatizado, tipo adega, para vinhos.

FIGURA 5.13. Exemplos de áreas de distribuição. Fonte: PRECX, 2013.

Águas, refrigerantes, cafés, cervejas, vinhos, chopes e outras bebidas alcoólicas podem ficar por conta do bar, se for conveniente ao funcionamento do restaurante. Essa divisão de incumbências entre a copa fria e bar fica na conveniência de cada projeto, sem qualquer rigidez preestabelecida. As áreas podem variar de 15 a 60 m², conforme o tamanho e o programa de cada restaurante.

SALA DE LAVAGEM

A sala de lavagem se destina ao recolhimento e à lavagem de louças, talheres e copos provenientes dos salões de refeições, com um espaço lateral para o retorno de garrafas, toalhas e guardanapos. Os garçons devem realizar a limpeza preliminar dos pratos colocando-os na mesa de seleção. Os copos são colocados em *racks* no *tray rest* (Figura 5.14). Os talheres são introduzidos em cuba, em aço inox, com solução de água e detergente, para posteriormente serem lavados na máquina. Os utensílios são colocados em *racks* e lavados em máquinas próprias. Sempre que possível, recomenda-se a lavagem de copos em máquina lavadora específica para esse fim.

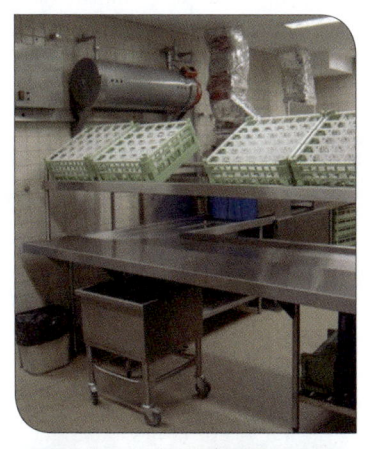

FIGURA 5.14. Exemplos de áreas de lavagem. Fonte: PRECX, 2013.

À saída da máquina lavadora devem ser instalados: mesa de seleção; carros para pratos, para *racks* de copos limpos e pequenas caixas plásticas para talheres. A área pode variar de 15 a 45 m², conforme o tamanho do restaurante. Para serviços de banquetes, além de uma área de 45 m², devem-se prever mais 45 a 90 m² somente para guarda de utensílios, copos, talheres, travessas e *rechauds*.

A lavagem de panelas e travessas pode ser realizada em seção da sala de lavagem, desde que não utilize grande quantidade de panelas. Para o uso de grande quantidade de panelas pequenas, recomenda-se uma seção anexa à própria cocção para essa lavagem. Esse serviço necessita basicamente de uma mesa com três cubas, local para lixo, prateleiras nas paredes e estantes.

PRAÇA DE GARÇONS

Entre a cozinha e o restaurante há uma área de circulação, onde os garçons depositam os utensílios (pratos, talheres) para a copa de lavagem, retiram os pedidos das copas frias, da distribuição da cozinha, passam nos caixas para conferências e saem para o salão.

Quando a copa fria trabalhar completa, sem divisão de funções com o bar, deve-se prever espaço adicional na praça de garçons, para pedestais de baldes de gelo, galheteiros, toalhas, guardanapos, louças, talheres e copos. Quando a área do restaurante permitir, esses itens podem ser divididos em armários de apoio estrategicamente localizados nos salões.

BAR

A atividade característica de um bar é servir destilados e preparar os mais diversos tipos de drinques, além de águas, refrigerantes, isotônicos, sucos, chopes e cafés. Conforme o movimento do restaurante, o bar poderá servir acompanhamentos como amendoim, castanha, queijo, frios, azeitona, caldinhos.

A instalação típica de um bar é o *set* do *barman*, de frente para o cliente, onde ficam a cuba de gelo, a tábua de cortes, o estoque de copos, as canaletas dos destilados, uma cuba, um liquidificador e um local para lixo (Figura 5.15). Entre a cuba de gelo e a tábua de corte, há um conjunto de pequenas cumbucas ou copos, para colheres, canudos, socadores, dosadores, coqueteleiras, açúcar, limões, cerejas, azeitonas, enfeites e agitadores.

Ainda de frente para o cliente, num dos lados do bar, pode se acrescentar torneira de chope, *freezer* para gelar copos, pontos de refrigerantes em *post mix*, armário para baldes e saída para os garçons. No outro sentido, pode ser acrescentado outro estoque de copos, com cuba para retornos, lixeira e máquina lavadora de copos e xícaras.

FIGURA 5.15. Exemplos de bares. Fonte: PRECX, 2013.

No bar são lavados copos e xícaras usados no próprio balcão. Os copos das mesas do salão são recolhidos para a copa de lavagem da cozinha. Xícaras (chá ou café) são recolhidas e lavadas no bar ou na copa fria.

Nos balcões da retaguarda do bar, ficam os refrigeradores de bebidas, conforme se nota na Figura 5.15, e um armário fechado para guardar os destilados, de custo mais elevado. Podem haver, ainda, armários para computadores de caixas e controladores de som e de iluminação. Na parte superior, ficam expostas as bebidas, atrás do *set* do *barman*. Conforme o tamanho, distribuem-se máquinas de drinques gelados (*frozens*), *display* de vinho gelado para ingestão em copo, armário de clube de *whisky*. A cafeteira de expressos pode ficar tanto no balcão da frente como no de retaguarda.

Em um hotel, o bar pode tornar-se um café, acrescentando-se vitrines para doces e salgados, um pequeno forno elétrico e um *freezer* para sorvete. Com essas características e um mostruário de bebidas discreto, o bar & café torna-se atrativo para serviços de lanches leves.

Num bar de piscina, podem ser retirados alguns elementos, como a cafeteira, e acrescentados outros, como um enorme carro com cocos gelados. Numa linha mais saudável, pode ser incorporada uma centrífuga para o preparo de sucos exóticos (frutas e hortaliças). Caso a piscina seja isolada do restaurante, pode haver uma segunda retaguarda com uma minicozinha e sala de lavagem.

Num bar de danceteria, cabe a instalação de refrigerador com tampa superior deslizante para garrafas de cervejas *one way*. Esses refrigeradores podem ficar tanto no balcão da frente como no de retaguarda. Em casas noturnas de grande movimento, pode ser interessante manter dois bares: um para clientes que preferem ficar em pé e outro somente para os garçons que atendem clientes acomodados em mesas.

Com balcão da frente e da retaguarda, a largura ideal de um bar ou café é de 3 metros, com um comprimento variável, conforme seu programa de produtos e serviços. Um bar pode ter as mais diversas formas, sendo esse artifício um grande elemento de criação para a arquitetura. O bar ou o café deve ser instalado o mais próximo da entrada do salão, sendo facilmente identificado por quem passa e um tanto descontraído para quem frequenta.

RESTAURANTE DOS FUNCIONÁRIOS

É recomendável haver um refeitório destinado aos funcionários do restaurante. O serviço pode ser balcão distribuidor com exposição de alimentos quentes e frios e de bebidas, e o salão dever ser dimensionado à razão de 1,2 m² por assento. Sem restaurante próprio, os funcionários retiram os pratos na praça dos garçons, fazendo a refeição antes dos horários de atendimento do público, em local predeterminado do salão do restaurante, que é imediata e rigorosamente limpo após seu uso.

CAFÉS E CAFETERIAS DE RUA

Sob a designação de café, existem os mais variados conceitos, desde um quiosque expresso de *shopping*, até uma suntuosa casa de alguma rede internacional. Por uma tendência internacional, os bons cafés estão deixando de ser tomados rapidamente de pé e no balcão, para serem saboreados calmamente em confortáveis mesas. A ambientação dos grandes cafés obedece praticamente às mesmas regras dos restaurantes.

O principal elemento de um café é o balcão com cafeteira, onde o cliente é atendido. Apenas cafés, águas e *snacks* do caixa bastam para locais de grande movimento, como aeroportos e *shoppings*. A qualidade do grão de café, a granulação da moagem, a pureza da água, e a temperatura e a pressão do vapor tornam-se os segredos de cada balcão, operado por baristas experientes, seja para o preparo de café ou de coquetéis especiais.

Ainda no estágio simples de balcão, podem ser acrescentados todos os tipos de bebidas envasadas (sucos, refrigerantes, isotônicos, energéticos, destilados). Com um *freezer*, um forno pequeno e uma vitrine aquecida, podem ser preparados pão de queijo, pão de batata, *croissants* e tortas. Uma pequena vitrine refrigerada pode disponibilizar diferentes doces.

Num café de tamanho médio, com balcão, copa e salão próprios, preparam-se, na hora, sucos de frutas, sobremesas com tortas e sorvetes, clubes sanduíches, saladas especiais, combinadas com tortas, algumas massas e sopas nas promoções de inverno. Até esse estágio, a copa do café utiliza apenas forno de radiação e micro-ondas.

Os cafés de grande porte, na linha dos bistrôs europeus ou *coffee shops* americanos, acrescentam vinho em garrafa, em taça, cervejas ou chope, *frozens* e drinques exclusivos. Com uma boa cozinha, podem ser acrescentados aperitivos salgados, sanduíches de chapa, grelhados e pratos de composição mais elaborada. É viável oferecer também doces e sorvetes.

Essas propostas têm característica de ser referência, sendo importante que cada empreendedor combine as opções que lhe parecerem mais adequadas ao perfil de sua casa. Além dos produtos normais de revenda, um bom café precisa investir em algum diferencial, preparado no local, algum produto ou serviço exclusivo, que denote alguma dedicação, e assim o torne marcante.

BOTECOS E CHOPERIAS

Em regiões de clima tropical ou em épocas de clima quente, os botecos apresentam características semelhantes às dos cafés. Entretanto, em vez de café, a cerveja, o chope e os sucos passam a ser os elementos principais de comercialização. Assim, o cardápio passa a ser elaborado com elementos que combinem bem com essas bebidas (coxinhas, bolinhos, croquetes, caldos, iscas, empanados, tapas, tábuas de frios, sanduíches em pão francês). Nas praias, há predominância dos pratos com peixes, e no interior, de pratos grelhados.

Um boteco ou choperia pode ser constituído por um balcão simples de atendimento em locais de grande circulação, até uma casa montada com um balcão, cozinha e salão próprio. Os cafés são ambientes confortáveis e, em geral, frequentado por solitários. Os botecos são apropriados para congraçamentos. O desafio do planejamento deve atentar para que a ambientação, o cardápio e o atendimento sejam atraentes para solitários ou para grupos, de ambos os sexos.

NOVOS CONCEITOS E TENDÊNCIAS

As reuniões clássicas para alimentação denominam-se café matinal, *brunch*, almoço, lanche, chá da tarde, *coffee break*, *happy hour*, jantar e ceia. Logo será criado um termo para uma clássica refeição no meio da madrugada. Em situações marcantes como nascimentos, aniversários, noivados, casamentos e bodas, há um momento especial para a alimentação. Outros rituais se formam em chás de cozinha, de fraldas, novo emprego, premiações, formaturas e despedidas de solteiro. As empresas comemoram lançamentos, bons resultados e datas históricas, assim como as religiões comemoram suas aceitações, confirmações e confraternizações. É preciso que se providencie algo agradável para comer e beber nessas ocasiões.

Diariamente, criam-se novos espaços e grupos de identificação com interesses específicos. A exemplo dos fenômenos da *internet*, nesses grupos as pessoas tentam se destacar como indivíduos, criando, assim, outras necessidades e expectativas. É assim que se formam as tendências, renovando atitudes, hábitos e formas de convívio. Isso tudo é ótimo para quem trabalha com alimentação, pois, enquanto houver diferentes formas de encontro, haverá um espaço ideal, um produto próprio e um serviço criativo para investir.

Ainda que se observe em salões de restaurantes, bares e cafés a presença de televisores, não é recomendável sua instalação. Somente após se iniciarem as atividades, quando se verificar assiduidade ou fidelização de clientes e, por solicitação destes, instale um aparelho que não incomode os demais clientes.

CAPÍTULO 6

MATERIAIS E SISTEMAS

Desde os primeiros esboços de conceito até a definição do último detalhe construtivo, o planejamento é uma sequência de decisões coordenadas sobre materiais, equipamentos, funções e índices, todos obtidos da prática das operações.

MATERIAIS DE ACABAMENTO

O piso ideal para uma cozinha precisa ter resistência química, mecânica e térmica, além de facilitar o tráfego de carrinhos e ser seguro para o operador caminhar e de fácil limpeza. O mercado oferece vários tipos de piso, no entanto nenhum deles apresenta todas essas características reunidas num grau ideal, mesmo porque algumas são até contraditórias. Não se conhece um piso perfeito; sempre falta alguma coisa para este ou aquele tipo de piso.

Os pisos monolíticos à base de concreto (Figura 6.1) são ótimos em corredores, com tráfego de carrinhos da cozinha. Instalados com distantes juntas de dilatação, tornam-se bem lisos, permitindo aos carros trafegarem sem vibração, mantendo bandejas e preparações culinárias, praticamente, da mesma forma que saíram da cozinha. Para ser seguro ao trânsito de operadores, o acabamento precisa ser em polimento tipo fosco, uma vez que o polimento brilhante torna-o inseguro para caminhar. De maneira geral, é um piso fácil de limpar e manter limpo.

FIGURA 6.1. Exemplo de piso monolítico à base de concreto. Fonte: PRECX, 2013.

São pisos resistentes para áreas secas como corredores, depósitos e serviços de recebimento, sendo um pouco mais frágeis em áreas úmidas. Em áreas úmidas, como na produção de uma cozinha, os pisos monolíticos não são indicados, por causa do rápido desgaste, criando até depressões em áreas em que há respingos.

Os ladrilhos à base de *grés*, antiácidos, fabricados por extrusão, possuem formato irregular, levando a uma aplicação com juntas largas e de alta resistência química. Nessas circunstâncias, geram muita vibração no tráfego de carrinhos, causando ruídos e diminuindo a velocidade operacional nos trajetos. Por causa da depressão de suas juntas, são pisos difíceis de limpar e manter limpos. Quando assentados conforme as indicações dos fabricantes, são de alta resistência química, mecânica e térmica para qualquer área da cozinha.

Os pisos à base de mantas de alta resistência são vulneráveis a ataques mecânicos, sendo perfuráveis por pontas de facas e demais objetos pontudos que, eventualmente, podem cair. O arremate em bordas de grelhas e ralos exige muito cuidado e precisão (Figura 6.2). Qualquer perfuração por objeto, ruptura de solda ou abertura de arremate leva à infiltração de água de lavagem e consequente descolamento. São bons para tráfego de carros e seguros para operadores. São de dificuldade média para serem limpos e mantidos limpos.

Os pisos em porcelanato apresentam dimensões precisas, quando instalados com nivelamento e juntas bem estreitas, tornam fácil a limpeza, minimizando a vibração de carrinhos. Esse piso é resistente a ataques químicos e térmicos de uma cozinha. Os mais espessos resistem a ataques mecânicos. Naturalmente, convém dar preferência aos pisos que ofereçam maior segurança aos funcionários.

FIGURA 6.2. Exemplos de grelhas de piso. Fonte: PRECX, 2013.

Qualquer que seja a opção, deve ser especificada a instalação com cantos arredondados e rodapés do mesmo material até 15 cm de altura. Lembrando-se do pesado tráfego nas cozinhas, as grelhas do piso devem ser de construção robusta e colocação bem nivelada em obra, de preferência em aço inox. Os ralos, normalmente colocados para equipamentos específicos, fora dos corredores de circulação, também devem ser em aço inox (Figura 6.2).

Os esgotos de cubas, ralos, grelhas e equipamentos de lavagem devem ser conduzidos diretamente a caixas ou sistemas sifonados, evitando-se encaminhamentos abertos mesmo dentro de grelhas. Qualquer encaminhamento aberto ou com ausência de sifão pode propiciar incontrolável reprodução de ratos, baratas e moscas.

Para as paredes, são indicados azulejos normais, de *grés* esmaltados ou porcelanato. O laminado melamínico, bem aplicado, é excelente em áreas frias e secas, mas frágil ao calor intenso das áreas de cocção. Nenhuma tinta especial resiste por muito tempo em cozinhas profissionais.

Numa altura média de 20 cm do piso, é recomendável o uso de batentes nas paredes e portas para amortecer as batidas comuns dos para-choques dos carrinhos de transporte (Figura 6.3). Em grandes cozinhas, podem ser usados batedores de plástico ou tubos de aço inox aplicados.

RESTAURANTES SUSTENTÁVEIS: um futuro em comum

As tomadas elétricas devem ser blindadas para evitar contato com água ou umidade, com aterramento na própria tomada. As torneiras devem ser cromadas, de bica articulável, com comando de fácil manejo e fechamento cerâmico. As portas nas áreas úmidas e de grande circulação podem ser em acrilonitrila butadieno estireno (ABS) – material termoplástico rígido e leve – claro (Figura 6.4), com visor em acrílico e dobradiças de retorno por gravidade. Essas portas são inadequadas para uso de chaves. Portas que careçam ser chaveadas, como aquelas da entrada principal, da despensa e do depósito de material descartável e de material de limpeza, devem ser em ferro ou aço inox, com batentes contra carros.

FIGURA 6.3. Exemplos de batentes de parede. (Fonte: PRECX, 2013)

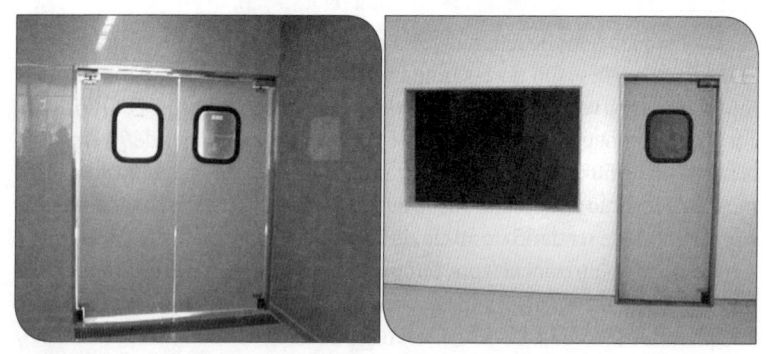

FIGURA 6.4. Exemplos de portas duplas em acrilonitrila butadieno estireno (ABS). Fonte: PRECX, 2013.

RECIPIENTE GASTRONORM

Inicialmente projetados pelos suíços, adotados a seguir pelos europeus e hoje utilizados no mundo inteiro, os recipientes GN são a base do planejamento dos modernos equipamentos para unidades de alimentação. Basicamente, são bandejas que medem 32,5 × 53,0 cm, com profundidades variáveis de 2, 6, 10, 15 e 20 cm, sendo utilizadas para preparar, manter e servir qualquer tipo de alimento. Com o tempo, foram sendo projetados equipamentos para utilizar, especificamente, os GN, como carros, estufas, banhos-maria, refrigeradores, pistas frias, vaporizadores, salamandras, micro-ondas e fornos combinados.

Os GN (Figura 6.5) podem ser em: aço inox, para preparações quentes e frias; ferro esmaltado, para assados; policarbonato, para saladas ou sobremesas frias; e até em porcelana, para arranjos especiais. Os recipientes GN com profundidade de 20 cm são indicados para cozidos (arroz, feijão e sopa); de 15 cm, para cozidos ou guisados; de 10 cm para tubérculos e hortaliças cozidas e carnes prontas. Os GN de 2 e 6 cm de profundidade são indicados para saladas e sobremesas. Ainda em aço inox, encontram-se GN perfurados para escorrer macarrão ou recipientes de vaporizadores. Os GN podem ainda ser subdivididos em ½ GN, ⅓ GN, ¼ GN, 1/6 GN e 1/9 GN, com as mesmas profundidades de 2, 6, 10, 15 e 20 cm.

Os GN são utilizados somente para acondicionamento de alimentos prontos para serem servidos e não devem ser usados para outros fins (estocagem de alimentos que ainda não foram processados). Para estocar alimentos, na forma bruta, utilizam-se caixas plásticas (monoblocos) empilháveis ou gavetas plásticas. De modo geral, deve ser evitado o uso dos mesmos recipientes para alimentos crus e processados, como forma de prevenção à ocorrência de contaminações cruzadas.

REFRIGERAÇÃO

Os equipamentos de refrigeração utilizados em cozinhas possuem diferentes formas: balcões com portas frontais, balcões com tampas superiores deslizantes, armários verticais com portas duplas e câmaras frigoríficas. Os balcões com portas frontais/vertical (Figura 6.6) podem ser modulares de 70 cm, para bebidas, ou de 50 cm para GN, para alimentos processados. Em qualquer dos módulos, o balcão pode ter de duas a quatro portas, com um único compressor, cuja cabine pode ser de 35 ou 50 cm de largura.

Os balcões horizontais com tampas deslizantes ou não (Figura 6.7) são práticos para o serviço de bebidas e sorvetes, sendo encontrados em diferentes comprimentos, de 70 a 135 cm. Os refrigeradores verticais, com média de 70 × 70 × 200 m de altura, são indicados para carnes, hortaliças, bebidas e congelados. As câmaras frigoríficas podem ser de variadas medidas, indicadas para estocagens em grandes quantidades.

FIGURA 6.5. Exemplos de recipientes Gastronorm (GN). Fonte: PRECX, 2013.

FIGURA 6.6. Exemplos de refrigeradores verticais. Fonte: PRECX, 2013.

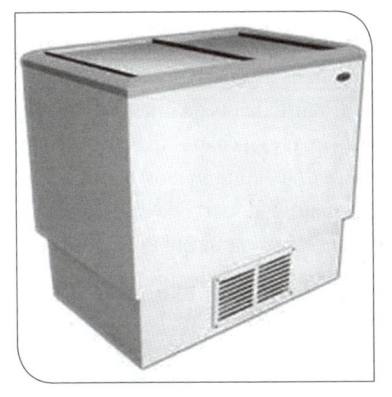 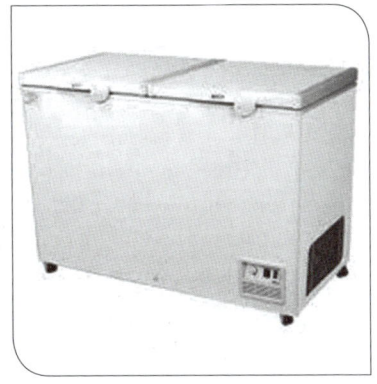

FIGURA 6.7. Exemplos de refrigeradores horizontais. Fonte: PRECX, 2013.

MESAS

As mesas de uma cozinha moderna podem ter estrutura em ferro pintado ou em aço inox (Figura 6.8). A estrutura de uma mesa aumenta em módulos de 70 cm, considerando-se o ideal de três módulos (210 cm) para cada operador, ou cada território de trabalho. Normalmente, os tampos das mesas são em aço inox, ou em polietileno branco de alta densidade, com 3 cm de espessura para manipulações em padarias, confeitarias e *pâtisseries*.

Os tampos das mesas podem conter cubas grandes, equivalentes à área de um módulo, comuns nas mesas para manipulação de carnes, preparo de hortaliças e lavagem de panelas, assim como cubas pequenas, para limpeza dos utensílios de cada área. Uma área ideal de trabalho tem um tampo, cuba, refrigeração, prateleiras e local para lixo.

FIGURA 6.8. Exemplos de mesas. Fonte: PRECX, 2013.

COCÇÃO

Existem equipamentos de cocção para os mais diversos fins, como o fogão a gás, elétrico, por indução elétrico-magnética; fritadeiras de imersão, abertas, fechadas; frigideiras basculantes (Fig. 6.9 a Fig. 6.11); chapas lisas, caneladas, grelhas; caldeirões; fornos de pedra, de convecção, combinados; vaporizadores; *slow cook*; micro-ondas. Dimensionar a quantidade certa de equipamentos de cocção para cada cozinha é uma tarefa que exige que sejam estabelecidas e definidas todas as variáveis envolvidas no preparo de alimentos, tanto para o preparo de refeição trivial como para a especialização da casa.

MÁQUINAS

São utilizadas diversas máquinas para os processamentos em cozinhas, segundo especializações ou capacidades – moedores, descascadores, cortadores de tubérculos, fatiadores de frios, fabricadores de gelo, cafeteiras, leiteiras, liquidificadores, batedeiras, extratores de sucos, extratoras centrífugas, lavadoras de louças. Ressalte-se que nem todas as cozinhas precisam de todas essas máquinas. Variáveis como tipo de restaurante, cardápio, público, entre outras, determinarão a seleção dos equipamentos.

FIGURA 6.9. Exemplos de frigideiras basculantes. Fonte: PRECX, 2013.

FIGURA 6.10. Exemplo de caldeirão. Fonte: PRECX, 2013.

FIGURA 6.11. Exemplo de forno combinado. Fonte: PRECX, 2013.

CAPÍTULO 7

NOSSO FUTURO EM COMUM

AR

Ambientes confinados exigem ar condicionado para manter a temperatura adequada e agradável aos clientes. Esse equipamento requer, além de manutenção técnica, limpeza correta e frequente de filtros para prevenir multiplicação de bactérias e fungos, que podem comprometer a saúde dos frequentadores e trabalhadores do estabelecimento. O ideal, mas nem sempre viável, seria instalar janelas que permitam renovação do ar. Embora a maioria dos estabelecimentos disponha de janelas, nos grandes centros urbanos a poluição sonora e do ar prejudicam a prática dessa prerrogativa durante os horários de funcionamento da casa. Nesse sentido, seria correto lançar mão dessas medidas, tanto da renovação do ar, quando possível, como necessariamente da manutenção dos aparelhos de condicionamento do ar nos períodos complementares aos horários de abertura da casa.

Seria muito adequado e conveniente para os restaurantes demonstrarem que praticam esses cuidados com a qualidade do ar e ter nessa prática um diferencial para fidelização dos seus clientes.

ÁGUA

A água própria da rede pública pode conter sujidades, além de elevado nível de coliformes fecais, sendo seguro manter sistema de filtragem da água de abastecimento para confecção de preparações, a produção de gelo etc. Alguns restaurantes produzem sucos com água filtrada, outros com água mineral engarrafada. Entretanto, o uso da água da rede sem qualquer cuidado deve ser evitado. Demonstrar ao cliente no cardápio ou por informes o tipo de procedimento que se utiliza para as preparações não está normatizado (para além do que dispõe a Anvisa em relação ao controle sanitário), mas, a título de diferencial, pode-se deixar claro ao cliente.

Dependendo do local do empreendimento, prover captação de água da chuva para limpeza externa ou para irrigações de jardins pode ser uma excelente prática de respeito ao meio ambiente, bem como para o controle de custos. Caso o estabelecimento possa dispor de algum tipo de reúso de água, certamente deveria vir a fazê-lo.

Para a lavagem de utensílios, recomenda-se a utilização de máquinas que funcionam com baixo consumo de energia e água – recursos não renováveis. Caso o restaurante comporte apenas uma unidade, sugere-se abastecer as gavetas da máquina no *tray rest*, iniciando-se a lavagem apenas com copos, xícaras e demais utensílios livres de gordura, em seguida, dando continuidade à lavagem com utensílios engordurados como pratos e talheres. Convém associar a essa prática a utilização de produtos de limpeza biodegradáveis.

ENERGIA ELÉTRICA

A produção de energia elétrica utilizando placas para captação de energia solar, seja para aquecimento de água ou para geração de força, pode ser um investimento dispendioso na instalação. No entanto, em médio e longo prazo, além de diminuir custo, mostra a importância que o empreendedor tem com o meio ambiente.

ALIMENTOS *IN NATURA*

Deve-se dar preferência a alimentos naturais (que não sofreram processamento), ou pouco processados, produzidos sem a adição de agrotóxicos ou processos transgênicos, bem como verificar sempre o conteúdo de nutricional. Em geral, quanto maior o processamento do alimento, maior a quantidade de sódio, açúcar, gordura, antioxidantes e aromatizantes. Não devem ser utilizados caldos (de carne, legumes) industrializados, assim como temperos prontos, uma vez que são alimentos altamente processados. Sabe-se que em diversos países da Europa algumas indústrias comercializam produtos processados, sem a presença de sódio, aromatizantes e conservantes, o que, sem dúvida, atribui distinção à sua marca e ao seu produto.

PRODUTOS ORGÂNICOS/PRODUÇÃO PRÓPRIA

Uma prática comum em vários restaurantes diz respeito ao cultivo de ervas (manjericão, hortelã, alecrim, sálvia, entre outras) para uso em preparações culinárias. O uso de ervas na culinária propicia a diminuição da quantidade de gordura e sódio das preparações, trazendo benefícios para a saúde do cliente. Sendo viável, sugere-se também o cultivo de hortaliças. Ressalte-se que, na ausência de área, podem ser utilizados vasos, ou mesmo hortas verticais, que abastecem e podem ser mais um elemento decorativo do restaurante.

COMPOSTAGEM

O lixo orgânico pode, quando possível, sofrer compostagem, ou seja, a decomposição de resíduos orgânicos pela ação de microrganismos. O composto obtido pode ser utilizado como adubo para jardim ou para o cultivo de ervas.

O lixo orgânico deve ser classificado e acondicionado em recipientes próprios.

As ervas, adubos e demais produtos subsequentes do objeto do restaurante podem ser vendidos em lojas e anexos do estabelecimento como forma tanto de gerar novas fontes de renda como de ampliar as perspectivas de *marketing* associado ao nome do restaurante.

DOAÇÃO DE ALIMENTOS

Embora haja diversas formas possíveis de doação de alimentos, como a doação "na porta" do estabelecimento diretamente para as pessoas ou por intermédio de uma entidade, como fazem os "Bancos de Alimentos" e as "Colheitas Urbanas", infelizmente ainda não há uma legislação específica que regulamente esse procedimento. Há duas normativas que estabelecem proteção ao receptor do alimento no que tange a sua qualidade, higiene e segurança – que é dada pela Anvisa (Portaria nº 2.535/03 e CVS nº 6/99) e o próprio Código de Defesa do Consumidor, este mais direcionado à pessoa que compra o alimento do que ao receptor de doação propriamente dito.

A ausência de uma legislação específica que proteja o doador do alimento quanto a eventuais, e não propositais, desacordos quanto aos quesitos postos pela Anvisa acaba por limitar restaurantes no exercício dessa prática e por levá-los à preferência pelo descarte diretamente no lixo. Isso é mais prático e menos oneroso, já que o cumprimento das normativas postas requer, por um lado, a presença de um profissional apto a zelar pela qualidade de alimentos muitas vezes já manipulados ou próximos de vencimento no que concerne à qualidade do alimento e, por outro lado, o respaldo do estabelecimento em indenizar o recebedor do alimento em caso de intercorrências que podem ou não estar associadas à ingestão do alimento por ele doado.

CONSIDERAÇÕES FINAIS

Restaurantes são áreas que podem congregar vários sistemas operacionais e de segurança, com obras complexas, detalhes específicos e custos elevados em sua maioria.

É evidente que esses sistemas precisam ser dimensionados e combinados por profissionais realmente experientes, e até por consultores, conforme a complexidade. Entretanto, um aspecto importante refere-se à qualidade; boa qualidade para as soluções é a opção econômica para uma instalação duradoura e eficiente. Considerando tanto a complexidade da obra quanto o custo de instalação, o empreendedor deve cogitar a opção pela sustentabilidade: nosso futuro comum.

REFERÊNCIAS

1. ABRESI - Associação Brasileira de Entidades e Empresas de Gastronomia, Hospedagem e Turismo, 2008. Disponível em: <http://www.abresi.com.br/numeros_do_setor.htm>.
2. ABRASEL – Associação Brasileira de Bares e Restaurantes, 2009.
3. ALONSO, NJ; ALONSO, VLC; EVANGELISTA, AA; MAZINI, V. Planejamento estratégico em restaurantes. **IX Simpósio de Excelência em Gestão e Tecnologia**. Resende – RJ, 2012.
4. ANDERSON, TD; MOSSBERG, L. The dining experience: do restaurant satisfy customer needs? **Food Service Technology**, v. 4, p. 171-177.
5. BRASIL. Instituto Brasileiro de Geografia e Estatística – IBGE. **Pesquisa de Orçamentos Familiares 2008-2009; Despesas, Rendimentos e Condições de Vida**, 2010.
6. BRASIL. Agência Nacional de Vigilância Sanitária – Anvisa. **Portaria nº 03/MS/SNVS**, de 16 de janeiro de 1992. Disponível em: <http://www.brasilsus.com.br/legislacoes/anvisa/16889-3.html>.
7. BRASIL. Agência Nacional de Vigilância Sanitária – Anvisa. **Portaria CVS nº 6/99**, de 10.03.99. Disponível em:
8. <http://www.google.com.br/url?sa=t&rct=j&q=&esrc=s&source=web&cd=1&cad=rja&ved=0CDMQFjAA&url=http%3A%2F%2Fwww.bioqualitas.com.br%2Farquivos%2Flegislacao%2FCVS6-99.pdf&ei=JuYCUpWuNIPs8g-Tb-YDgBQ&usg=AFQjCNExpB03gwZWhze0BD4rka5mYW_bow&sig2=-QYo9NRZ-IvpwrTsyQ25HnQ&bvm=bv.50310824,d.eWU>.
9. BUZALKA, M. **Design Directors.** Food Management, v. 38, p. 24-35, 2003.
10. CHIAVENATO, I. **Administração: teoria, processo e prática.** 3ª ed. São Paulo: Makron Books, 2000.
11. CAMPOS, SR. Os cinco sentidos da hospitalidade. **Revista Acadêmica Observatório de Inovação do Turismo**, v. 3, n. 1, p. 1-17, 2008.

12. CRUZ, A; GREEN, B. Thermal stimulation of taste. **Nature**, v. 403, n. 24, p. 889-92, 2000.

13. ESCOBAR, RG; BESPALEZ, E; OLIVEIRA, JA; SOUZA, PV. Análise do *mix* de *marketing* em dois restaurantes *self-service*. **IV JCEA - Jornada Científica do Centro-Oeste**, Campo Grande/MS, 2004.

14. GRONROOS, CA. Service quality model and marketing implications. **European Journal of Marketing**, v. 18, n. 4, p. 36-44, 1984.

15. KAZARIAN, EA. **Foodservice facilities planning**. New York: John Wiley and Sons, 1997.

16. LIMA, AS; LUNA, RM; SOUZA, AR. Evolução do sistema de franquias no Brasil. **Revista Brasileira de Marketing**, v. 11, n. 1, p. 94-112, 2012.

17. MASLOW, AH. **Motivation and personality**. 3rd ed. New York: Harper and Row; 1987.

18. TINOCO, MAC; RIBEIRO, JLD. Estudo qualitativo dos principais atributos que determinam a percepção de qualidade e de preço dos consumidores de restaurantes à *la carte*. **Gestão & Produção**, São Carlos, v. 15, n. 1, p. 73-87, 2008.

19. MUNDO DAS MARCAS. Disponível em: <http://mundodasmarcas.blogspot.com. br/search?q=kopenhagen>. Acesso em: 27 maio 2013.

20. OLIVO, RLF; CRIVELARO, E; GOZZI, S; CAVALCANTI, M. A criação de valor das franquias empresariais no Brasil sob a perspectiva do franqueador. **Revista Brasileira de Marketing**, v. 8, n. 1, p. 93-111, 2009.

21. ORGANIZAÇÃO DAS NAÇÕES UNIDAS (ONU). **Relatório Burtland**, 1983. Disponível em: <http://www.un.org/documents/ga/res/42/ares42-187.htm>.

22. PORTER, ME. A nova estratégia. In: JÚLIO, CA, SALIBI, N. (Orgs.). **Estratégia e planejamento**. 1ª ed. São Paulo: Publifolha, 2002. (Coletânea HSM Management)

23. PRATTEN, JD. The importance of waiting staff in restaurant service. **British Food Jr**, v. 105, p. 826-34, 2003.

24. ROWE, M. Taking stock of tomorrow. **Kitchen Food Management**, v. 37, p. 32-8, 2002.

25. SEBRAE NACIONAL. **Taxa de sobrevivência das empresas no Brasil**. Coleção Estudos e Pesquisas. Outubro, 2011. Disponível em: <http://bis.sebrae.com. br/OpacRepositorioCentral/paginas/downContador.zhtml?uid=45465B1C66A-6772D832579300051816C>.

26. SinHoRes-SP – Sindicato de Hotéis, restaurantes, Bares e Similares de São Paulo. **Dados técnicos**, 2013. Disponível em: <http://www.sinhores-sp.com.br/dados_tecnicos. htm>.

27. WALL, EA; BERRY, L. The combined effects of the physical environmental and employee behavior on customer perception of restaurant service quality. **Cornell Hotel and Restaurant Administration Quartely**, v. 48, n. 1, p. 59-69, 2007.

ANEXO – TABELA AUXILIAR PARA PLANEJAMENTO DE UM RESTAURANTE COMERCIAL OU SERVIÇO DE ALIMENTAÇÃO INSTITUCIONAL

Tabela auxiliar para planejamento de um restaurante comercial ou serviço de alimentação institucional

Programa para	Refeições	Detalhamentos						
	50	100	150	200	300	400	500	
Área de apoio	$10\,m^2$	$18\,m^2$	$27\,m^2$	$36\,m^2$	$54\,m^2$	$72\,m^2$	$90\,m^2$	Dimensionar pelo total das refeições do dia
Cozinha	$8\,m^2$	$12\,m^2$	$18\,m^2$	$24\,m^2$	$36\,m^2$	$48\,m^2$	$60\,m^2$	Dimensionar pelo período de maior demanda. Por exemplo, o almoço (2)
Distribuição	$8\,m^2$	$10\,m^2$	$18\,m^2$	$22\,m^2$	$30\,m^2$	$35\,m^2$	$40\,m^2$	Adicionar até mais 30% para sistema de ilhas
Comissária	$4\,m^2$	$6\,m^2$	$8\,m^2$	$10\,m^2$	$11\,m^2$	$14\,m^2$	$15\,m^2$	Para preparo de *coffee break, happy hour* e outros eventos da empresa.
Restaurante	$20\,m^2$	$42\,m^2$	$60\,m^2$	$80\,m^2$	$105\,m^2$	$140\,m^2$	$175\,m^2$	Somente para assentos.
Lavagem de louças	$6\,m^2$	$9\,m^2$	$14\,m^2$	$20\,m^2$	$25\,m^2$	$30\,m^2$	$34\,m^2$	Entrega em trajeto de saída sem cruzamento com o fluxo de entrada.
Assentos	20	35	50	70	105	140	175	Unidades
Eletricidade	30 KW	40 KW	60 KW	80 KW	120 KW	135 KW	150 KW	De carga instalada, com demanda em até 80%
Água fria	2 x 1.000 L	3 x 1.000 L	4 x 1.000 L	5 x 1.000 L	8 x 1.000 L	10 x 1.000 L	13 x 1.000 L	No total do dia
Água quente	0,4 x 1.000 L	0,6 x 1.000 L	1 x 1.000 L	1 x 1.000 L	2 x 1.000 L	2 x 1.000 L	3 x 1.000 L	No total do dia, com demanda horária até 30% desse total
Lixo orgânico	20 kg	30 kg	40 kg	50 kg	80 kg	100 kg	130 kg	Considerar até a mesma quantidade de lixo inorgânico
Vestiário	2	4	6	8	10	12	14	Funcionários. Operando no fim de semana, adicionar 15% para folguistas

Fonte: PRECX, 2013.

ÍNDICE REMISSIVO

A

Ações
    de planejamento, definições e conceitos, 7
    propostas pela green kitchen, 14
Água, 65
Alimento (s)
    doação de, 67
    em estado bruto, armazenamento, 41
    in natura, 66
    naturais, 66
    orgânico, 22
    quentes, 23
Almoço, 54
Ambientação diferenciada, tipo de, 11
Ambiente(s)
    confinados, 65
    para acompanhados, 30
    para solitários, 30
Ar, 65
Áreas e serviços
    armárias de limpeza, 38
    bar, 50
    botecos e choperias, 53
    cafés e cafeterias de rua, 52
    câmaras de preparados, 46
    chope, 39
    confeitaria, 45
    copa fria ou gambuzza, 48
    cozinha lenta e rápida, 46

de cocção, 47
de compressores, 40
de preparo
de carnes, 43
de tubérculos e hortaliças, 44
depósito de material de limpeza e descartáveis, 39
despensa, 39
distribuição, 48
estoque refrigerado, 40
garde manger ou cozinha fria, 45
lavanderia, 38
lavatórios e bebedouros, 38
monoblocos e critérios de manipulação, 41
novos conceitos e tendências, 54
padaria, 45
pâtisserie, 45
praça de garçons, 50
recebimento, 35
restaurante dos funcionários, 52
sala (s)
de chefia, 38
de lavagem, 49
shock frezer, 46
vasilhames de retornos, lavagem e lixo, 36
vestiários do pessoal, 41
Arquitetos, 7
Atenção, 20
Atendimento, ritual de, 20
Atividades humanas, áreas e seus tons
humanas, vermelho, 33
natureza, verde, 33
religião, branca, 33
tecnologia, azul, 33
Audição, 16

B

Banco
de sabores, 15
"de Alimentos", 67
Bar, 50
exemplos de, 51
Batentes de parede, 58
Bebedouros, 38
Bebidas em lata e garrafas, 39
Botecos, 53
Brunch, 54

Bufê, 26
    misto, 27
    exemplo, 28
    operacionalização de um, 27
    tipos, exemplos, 27

C

Café (s)
    e cafeterias de rua, 52
    matinal, 54
Caixas plásticas, 37
Caldeirão, 63
Câmaras de preparados, 46
Cardápio, 25
    de endendimento difícil, 21
    exemplo de, 26
Carnes, área de preparo de, 43
Carro
    palete, 36
    plataforma, 36
Casual, 6
Ceia, 54
Chá da tarde, 54
Chef de cozinha, 7
Chope, 39
Choperias, 53
Cliente(s)
    auditivos, 18
    de restaurante, grupos de, 18
    sinestésicos, 18
    visuais, 18
Cocção, equipamentos de, 62
Coffee break, 54
"Colheitas Urbanas", 67
Comercialização, formas de
    ambientes para acompanhados e para solitários, 30
    bufê, 26
    bufê misto, 27
    cardápio, 25
    destaques, 30
    rodízio, 27
    teatro e luzes, 28
    vitrine, 23
Comida natural, 22
Compostagem, 67
Compressores, área de, 40

Comunicação, formas de, 18
Confeitaria, 45
Consultores, 7
Controle, 21
Copa fria, 48
Cozinha
  fria, 45
  lenta, 46
  rápida, 46

D

Decoração contemplativa, 31
Delivery, 12
Depósito de material de limpeza e descartáveis, 39
Despensa, 39
Destaques, 30
Distribuição, 48
Doação de alimentos, 67
Drinques gelados, 51

E

Energia elétrica, 66
Engenheiros, 7
Espaço, 19
Estoque refrigerado, 40
Estufa, 23

F

Fooding, 5
Forma adequada para oferta de pratos que exijam manutenção de temperatura
  fria, 29
Forno combinado, 63
Frigideiras basculantes, 62
Frozens, 51
Fundamentos
  formas de comunicação, 18
  os cinco sentidos, 15
  os seis luxos, 19

G

Gambuzza, 48

Garde manger, 45
Gerentes, 7
Gourmets, 7
Green kitchen, 13
    ações propostas pela, 14
Grelhas de piso, 57

H

Happy hour, 54
Highlights, 6

I

Informação corretas, falta de, 21
Inovações, 12
Intuição, 10

J

Jantar, 54

L

Ladrilhos à base de *grés*, 56
Lanche, 54
Lavanderia, 38
Lavatórios, 38
Lixo orgânico, 37, 67
Luxos sutis da modernidade
    atenção, 20
    comida natural, 22
    controle, 21
    espaço, 19
    segurança, 20
    tempo, 19

M

Máquinas, 62
Marketing, 9
    estratégias de, 11
Material de acabamento, 55
Mesa (s)
    de uma cozinha moderna, 61

        exemplos de, 61
        quadradas, 20
        redondas, 20
Mix, estratégias de, 11
Moboblocos e critérios de manipulação, 41
Monobloco (s)
        e critérios de manipulação, 41
                com fundo e paredes fechados, 42
                com fundo e paredes vazados, 42
                com fundo fechado e paredes vazadas, 42
                fechado raso, 42

N

Nutricionistas, 7

O

Olfato, 16

P

Padaria, 45
Paladar, 15
Panela especial para preparação de *paella,* 29
Pâtisserie, 45
Pirâmide de Maslow, 2
Pisos monolíticos à base de concreto, 55
Planejamento, 5-14
Planta baixa de uma lanchonete, 8
Portas duplas em acrilonitrila butadieno e estireno, 58
Praça de garçons, 50
Preparações culinárias em vitrines, comercialização, 24
Produção própria, 66
Produtos orgânicos, 66

R

Raw, 6
Recebimento, 35
Recipiente gastronorm, 44, 59, 60
Refeição, 17
Refrigeração, 59
Refrigeradores
        horizontais, 61
        verticais, 60

Relação (ões)
    da organização com seus clientes, 15
    públicas, 9
Restaurante
    dos funcionários, 52
    em shopping, 20
    sons típicos de um, 16
Riscos, equacionando entre forças, fraquezas, ameaças e oportunidade, 10
Rodízio, 27, 28

S

Sala (s)
    de chefia, 38
    de lavagem, 49
Segurança, 20
Sentidos, os cinco
    audição, 16
    paladar, 15
    tato, 17
    visão, 17
Serviço (s)
    de bufê, 26
    de *valet,* 20
    demorados, 21
Set do barman, 50
Shock feezer, 46
Sistema (s)
    de filtragem de água de abastecimento, 65
    fooding, 5
    ostensivo de segurança, 20
Slow cook, 62
Slow food, cozinha do, 6
Sucos exóticos, 52
SWOT (*strenghts/weakness/opportunities/threats*), 10

T

Take out, 12
Tato, 17
Teatro e luzes, 28
Tempo, 19
Trabalho
    cores do
        azuis, 34
        brancas, 34
        ponto de equilíbrio, 34

verdes, 33
    vermelhas, 33
humano, 33
Tray rest, 66
Tubérculos e hortaliças
    área de preparo de, 44
    preparo de, 44

V

Vestiários do pessoal, 41
Visão, 17
Vitrine(s), 23
    de doces, 24
    de salgados, 25
    neutras, 24
    para preparações, 24
    refrigeradas, 24
Vocação de servir, 21